近江を中心とした伝統野菜文化史

野菜が物語る地域の歴史　食文化の多様性を探る

京都府立大学 名誉教授
元龍谷大学 農学部教授

佐藤　茂

養賢堂

目次

1 はしがき

在来野菜・伝統野菜の研究分野では，その地域独自の在来野菜が「いつの時代に，どこから，誰によって，どんな作物（品種)」が祖先種として持ち込まれてできたか，を明らかにすることが興味深い課題である.

筆者は，2015年から2020年まで龍谷大学農学部（滋賀県大津市）に勤務したことから，近江かぶらや近江の赤カブを取り上げて在来野菜・伝統野菜の研究を始めた．研究が進展する中で，滋賀県の在来野菜には，他の地域の在来野菜にはみられない特徴があることに気がついた．近江国（現滋賀県）は，古くは東山道や北国街道を介した地方との交易，近世では東海道・中山道を介した江戸や地方との交易，くわえて参勤交代や近江商人の活躍など，国内の政治経済の交流の要として，地政学的に大きな役割を果たしてきた．これらを背景にして，近江の国には各地から野菜・作物が持ち込まれ，それらを祖先種にして独自に進化した在来野菜ができあがった．反対に，近江から各地に持ち出された野菜が祖先種となってその地方独自の在来野菜になっているものもある．例えば，滋賀県在来の赤カブは12世紀末に信濃の国から持ち込まれたカブが‘信州カブ’と呼ばれて，これが祖先種になって数多くの赤カブが分化・成立したことが推定されている（佐藤ら，2019)．‘津田カブ’（島根県松江市）や‘伊予緋カブ’（愛媛県松山市）は，参勤交代の際に近江から持ち出された赤カブを祖先種にしてできたと伝えられてきた．また，野菜の調理法が伝えられて「おうみ」の名をつけた郷土料理ができている例や，滋賀県ではほとんど栽培されていないが，近江の名を冠した品種として全国で栽培されたり，地方の特産物になっている作物もある．近江の在来野菜については，伝承や史・資料が比較的多く残っているので，その系譜を調査検討することが容易である.

本書では，主に近江に関連する在来野菜について史・資料を調査・吟味し，また実際の栽培観察もあわせて，それらの系譜を考察した．また筆者は，40年ほど仙台ですごした経験があるので，東北地方に関連する在来野菜・伝統野菜にも興味を持っていて．これらも話題としてとりあげた.

2 近江ショウガ

昔に栽培されていたが絶えてしまった野菜や品種が，他の地方で導入元の地名を冠して栽培され続けている例がある．そのような野菜の1つとして，全国的に栽培されている‘近江ショウガ’を紹介する．3〜5月は，ショウガの植え時である．園芸種苗の通販サイトでは，高知県産，千葉県産，茨城県産，タイ産，中国産などの‘近江ショウガ’のタネショウガが販売される．‘近江ショウガ’として全国的に栽培されていることから，昔は生産量も多くこの品種が近江から全国に広まった歴史があるに違いない．現在の滋賀県のショウガ生産は，守山市に‘笠原しょうが’，湖南市に‘朝国ショウガ’が在来野菜として数戸の農家で栽培されているだけである．これらのショウガは，後に紹介するように小ショウガであり，大ショウガの‘近江ショウガ’ではない．

バビロフはショウガの原産地はインドからマレーシア半島と推定したが，野生種が発見されていないので確証がない．日本には少なくとも3世紀より前に中国または東南アジアから渡来したとされている．古くに渡来したショウガは，寒さに強く，早生で，貯蔵しやすい小ショウガあるいは中ショウガであったと

図2–1. ショウガは熱帯原産の香辛料
タイ・バンコクの市場で山積にされて売られていたショウガ（2006）．

考えられている．その後，江戸時代中頃に大ショウガが伝来し明治期に普及すると，小・中ショウガは谷中ショウガや三州ショウガとして関東や東海地方など一部地域に残ったとされる（フリー百科事典『ウィキペディア』）．

ショウガは，塊茎の大きさから小ショウガ，中ショウガ，大ショウガの3型に分けられる．さらに，各型のなかで，利用部分や利用法，産地，系統の違いによって品種が分類される．ショウガは開花がまれで種子をつけないため，塊茎による栄養繁殖で増殖される．このため品種の分化程度が小さい．‘近江ショウガ’は大ショウガ型に属し，甘酢ガリや紅ショウガの材料になる大粒のショウガである．‘近江ショウガ’の系統には次のようなものがある．‘大身しょうが’の「大身」は「近江」のあて字で同じ品種，「お多福生姜」は高知県原産の‘近江ショウガ’の登録品種名，‘黄金しょうが’は‘近江ショウガ’から突然変異でできた果肉が黄色い系統である．別に，‘黄金ショウガ’として流通している中国山東省原産の黄色ショウガもある．これも元は‘近江ショウガ’である．

このように，‘近江ショウガ’は現在も主要品種として栽培されているが，その起源についての史・資料は少ない．そのうち特に詳しい資料のなかに，竹原谷村（江戸期～明治22年の村名，現滋賀県愛知郡愛荘町竹原）が「江戸期よりショウガの産地であり，嘉永4（1851）年の家記に“ショウガ4,170株を植付く”とある（愛智郡誌）．明治初年には郡の名物であった」とでている（『角川日本地名大事典25滋賀県』，1971）．またこのショウガは「秦川生薑」とも呼ばれていた（『近江愛智郡志第3巻』，1971）．この地域のショウガ生産は，昭和30年代頃までが最も盛んな時期で，今ではほとんどない（『くらしを彩る近江の漬物』，1998）．

国内で伝統野菜として扱われている在来種のショウガには，‘五ヶ谷ショウガ’（奈良県，小ショウガの名称で大和野菜に認定），‘出西生姜（しゅっさいしょうが）’（島根県出雲市），‘谷中生姜’（東京都，江戸東京野菜），‘笠原生姜’（滋賀県守山市，江戸時代から続く伝統野菜，小ショウガで葉ショウガとして流通），‘仁野分（にのぶ）生姜’（新潟県上越市頸城区仁野分，上越野菜に認定）などがある．このうち，‘仁野分（にのぶ）生姜’について「1683（天和3）年に百姓の三郎衛門が近江産のしょうがを持ち帰ったことがきっかけで，その後三河産のものに切り替えられたといわれています．仁野分は昔からしょうがの産地で高田藩の城主にも献上されていました．」と伝えられている（「新潟食

クルクマ（*Curcuma* sp.）

図2-2．ショウガ科の花壇・切り花用の園芸花き
1990年の大阪花博覧会で出品されたのがわが国への導入の始まり．栽培は，*Curcuma alismatifolia*が最も多い．東南アジア（タイ，カンボジア）原産（2006）．

品名産図鑑」ウェブサイト）．このショウガは塊茎が小さめの葉生姜で，大ショウガの‘近江ショウガ’ではない．伝承のとおり，小ショウガの‘三州ショウガ’に置き換えられたものであろう．ショウガは熱帯原産の植物である．‘近江ショウガ’は晩生の大ショウガで，晩秋から雪のふる上越地方では根茎の肥大が十分でない．そのため早生の小ショウガに置き換えられたものと考えられる．しかし，伝承にある近江からショウガが持ち込まれた時代（1683年）は，大ショウガが日本に伝わった江戸中期（1700～1750年）よりに20年位早く矛盾がある．現時点ではこの矛盾を説明できる資料がないので，今後の検討が必要である．いずれにしても，仁野分ショウガの起源が近江から伝わったショウガであるという伝承は，現今の‘近江ショウガ’が近江の国を発祥の地として全国に広まったことを示していると考えられる．

3　近江から伝わった伝統野菜：ユウガオとかんぴょう

かんぴょうはユウガオの加工品である．2019年度は，生産量が265t，輸入量が815tであった．国内では98%以上が栃木県で生産され，わずかに茨城県（0.7%），滋賀県（0.4%），富山県，長野県で生産されていた．他方，輸入品は100%が中国産である．国内生産で圧倒的な位置を占める栃木県産のかんぴょうであるが，江戸時代前期に近江国から下野国に持ち込まれ，現在の地位を得たものである．ここでは，かんぴょうの伝来の経緯を紹介する．かんぴょうは，滋賀県では「水口（みなくち）かんぴょう」として，栃木県では「かんぴょう（野州かんぴょう）」として伝統野菜に認定されている．

かんぴょうの材料であるユウガオは，ウリ科ユウガオ属の植物で，ヒョウタンと同一種である（図3-1）．原産地は北アフリカで，ヒョウタンがインドに伝わって栽培されるうち，苦味の少ない品種が食用として分化したとされている．日本へは4世紀後半頃朝鮮半島を経由して渡来したこと，国内の発祥の地は江州木津村（現滋賀県日野町木津，『日本の野菜文化史事典』，2013：別に『日本山海名物図会』に摂州木津とある，『資源植物事典 増補改訂版』，1957）であると伝えられている．現今のユウガオは，果実の形がほぼ球状の「マルユウガオ」と，細長い「ナガユウガオ」の2系統があり，ともに在来種とみなされている．主に「マルユウガオ」がかんぴょう製造の材料になる．「ナガユウガオ」はかんぴょうに加工されるだけでなく，生食（煮物や味噌汁の具）もされ，これは新潟県や山形県，山梨県に多いとされている．

図3-1．ユウガオの果実
フリー百科事典『ウィキペディア』より．
新潟県で育った筆者は，ユウガオは長形のものしか見たことがなかった．これは味噌汁の具やあんかけとして料理される．他方，かんぴょうの製造に使われるユウガオは主に丸形である（図3-2）．

図3-2. 攝州木津の干瓢
『日本山海名物圖會　二』，国立国会図書館デジタルコレクションより.

ユウガオにはこの他に，スイカの接ぎ木苗の台木専用品種，夕咲き・白花・大径・有香の花を観賞する品種もあり，市販されている種子の種類が意外と多い. ユウガオの栽培と利用は，古くから近畿地方に多かったと考えられている. 生食や乾燥させて保存食や救荒食として利用されたと考えられ，かんぴょうは乾燥保存食の加工が洗練されて作られるようになったと考えられる（図3-2).

近江（現滋賀県）には，「1600年ごろに水口・岡山城（現甲賀市水口町）の城主長束正家が農民に作らせた」という伝承がある. ただし，豊臣政権の奉行の一人であった長束正家が水口・岡山城に入ったのは文禄4（1595）年であり，5年後の慶長5（1960）の関ヶ原の戦の直後に亡くなっている. この時期は，政治的に激動した時期であり，かんぴょうの生産普及に意を注ぐほど余裕があったとは思われない. 長束正家の貢献は，後付けの伝承であろうと考えられる. 民間ではこの時期からかんぴょうの生産が始まっていたものと想像される. この地域で，かんぴょうの生産が盛んであったことは，後年，歌川広重の『東海道五十三次』（天保4（1833）年，保永堂版）の浮世絵木版画に東海道50番目の宿場町「水口宿」のかんぴょうを干す夏の女性たちの場面が描かれていることでもわかる（図3-3). 水口地域の栽培農家数は，明和7（1770）年にわずか20戸であったが，明治3（1870）年には250戸に増えていた（『滋賀県管下　近江国六郡物産図説』，1873). 現在は，栽培農家数が激減し，甲賀市水口町及び周辺にわずか数戸が残っているだけであるが，「近江の伝統野菜」に

図3-3. 歌川広重『東海道五十三次』水口宿
国立国会図書館デジタルコレクションより.

認定され栽培・加工の伝統保存が図られている.

近江・水口から下野・壬生（現栃木県下都賀郡壬生町）にかんぴょうが伝わった経緯には2とおりの伝承がある. 広範囲に流布している伝承では,「正徳2（1712）年に壬生に転封になった鳥居忠英が, 前領地の近江国水口から伝えた」（『壬生町史　通史編Ⅰ』, 1990）とされている. 江州から伝わったユウガオが, 下野・壬生の黒川のほとりで栽培が始まったとされている. 他方, これとは別に, 近江の水口（現滋賀県甲賀市水口町）では,「正徳2（1727）年に壬生から転封になった加藤嘉矩が壬生から優れた技術を伝えたので, 干瓢生産が盛んになった」（『水口町志』, 1977）とされている. 壬生町と水口町の伝承の違いには, 少し込み入った事情がある. 正徳2（1712）年の国替えでは, 鳥居忠英が水口から壬生に, 加藤嘉矩が壬生から水口に相互に転封になった. 正徳2（1712）年に先立つ元禄8（1695）年には, 加藤嘉矩の先代の加藤明英が水口領から壬生領に転封になっている.『水口町志』にある「壬生から優れた技術が伝えられた」という記載の背景には, 元禄8（1695）年の加藤明英の国替えの際に壬生へ伝えられたユウガオの栽培とかんぴょうの加工が壬生に根付き, 技術の改良があったことを暗示している. いずれにしても, これらの伝承から, 江戸時代のごく初期に近江から下野・壬生に伝えられたユウガオの栽培とかんぴょうの生産が根付き, 現今の栃木県のかんぴょう生産の隆盛の基礎になったことがうかがわれる.

4 コンニャク芋とこんにゃく

コンニャクは各地で栽培されているにも関わらず，伝統野菜として認定されている地域がない．これは地下茎（コンニャク芋）が芋の形を残したまま食用にされることがなく，加工されて「こんにゃく」として食用にされるためであろうか．コンニャクは，インド・インドシナ半島原産のサトイモ科の多年草である．熱帯地方の植物で，国内では露地では越冬できないため，秋に堀上げて翌春に植えることを繰り返し，3年目にコンニャク芋が収穫される．昭和32（1957）年発行の『資源植物事典　増補改定版』では，“栽培の歴史が最も古いと言われているのは茨城地方で400年前既に行われ現在も盛である．群馬，岡山がこれに続き約250年の歴史を持っている．このほか福島，広島地方でも盛である．精粉は約100年前にはじめられ，その後各地の重要産業まで発展し今では殆ど全国的になった”とある．現在，国内のコンニャク芋の生産は年間6万tを超え，90％以上が群馬県産である．群馬県が全国1位の生産量を誇るようになったのは比較的新しく，第2次世界大戦後に飛躍的に増加したためである．これは，品種改良に加えて，栽培に適した赤城山麓の夏期の冷涼な気候と肥沃で水はけの良い土壌によるところが大きいとされる．国内の生産は，群馬県に集中しているが，上の事典にあるように，古くは全国的に生産が普及したもので，現在もいくつかの地方では小規模ながら栽培が続けられている．そして，その地方に独特なこんにゃくの製造法が編み出されて現在まで伝えられている．本稿では，現在も残っている地域特産のこんにゃくを紹介する．

(1) 永源寺こんにゃく

滋賀県東部の東近江市永源寺町にある臨済宗の古刹永源寺の周辺で細々と作られ，永源寺の精進料理や周辺農家の正月料理として自家消費されていた．戦後地域外にも知られるようになり，現在では工場生産され市販されている滋賀県の伝統食品の一つである．コンニャク芋の生産地である永源寺町地域は，鈴鹿山脈の山あいに位置し，傾斜の畑で水はけが良い，直射日光が当たらず，土の温度も上がらないなど栽培に適していた．この地のコンニャク栽培は，永源寺の開祖である寂室元光が，大陸からコンニャク芋を持ち帰ったことから始まったと伝えられている．しかし，寂室元光が中国（元）から帰朝したのは嘉暦元（1326）年，その後各地を行脚し永源寺に隠棲したのは正平16／康安元（1361）年で，その間には35年の隔たりがある．寂室元光が中国からコンニャク芋を持ち帰り永源寺で栽培・普及したというには，年月が経ちすぎているのではないだろうか．全国いたる所にある「偉いお坊さんが何とかをもたらした」という伝説の一つであるかもしれない．

(2) 赤こんにゃく

こんにゃくには，生芋を原料にして作られる製品と，生芋から精製された精粉を原料にしてつくられる製品がある．後者は市販の製品に多い白いこんにゃくである．現在，白いこんにゃくに，ひじきなどの海藻の粉末をいれて灰色

加工されたこんにゃく

赤こんにゃく（滋賀）

玉こんにゃく（山形）

図4-1. 様々なこんにゃく
加工こんにゃくと玉こんにゃくはフリー百科事典『ウィキペディア』から引用．

（あるいは黒色の粒がある）にして野性味を出したり，青のりを入れて清涼感を出して刺身こんにゃくなどの名称で販売されている．滋賀県近江八幡市地域では，古くから「赤こんにゃく」がつくられてきた．赤こんにゃくは，製造過程で弁柄（べんがら，化学的には三二酸化鉄，酸化第二鉄，Fe_2O_3）で着色したものである．着色の状態は製品によって異なるが，着色が良いものは見た目がレバー（あるいはレバー刺）にそっくりである．目をつむって食べれば，こんにゃくに変わりはない．いつ頃に作られ始めたのかは地元でもわからなくなっている．赤こんにゃくは地元では昔から定番で，冠婚葬祭の食事や学校給食にも使用されていた．面白いことに，地元の高齢者の中には赤以外のこんにゃくがあることをつい最近まで知らなかったという人もいるほどであった（マイナビニュース，2013.5.7）．赤こんにゃくは，滋賀県内では普通の食材で土産物店でも市販され，近年は京都や大阪でも販売されている．

(3) 玉こんにゃく

山形県村山地方で伝えられてきたこんにゃくの独特の食べ方で，直径3～4cmの玉状のこんにゃくを3～5個程度割り箸に刺して，大鍋の中で醤油ベースの出汁で煮込んだものである．和辛子をつけて食べることが多い．山形県では，観光地・祭・学園祭などで必ずといっていいほど売られている．また，家庭や料亭でおでんや鍋物の最後に，玉こんにゃくをいれて食べ，打ち上げとすることも多い．山形県内陸部で玉こんにゃくが普及した理由として，砂糖や米粉が手に入らなかった江戸時代に，羽州街道筋の茶屋で団子の代わりとして供されたのが始まりとも伝えられている．現在では，地元だけでなく観光客にもたいへん人気のある郷土料理になっている．

5 近江から伝わった郷土料理：山形のおみ漬

近江の国から地方に伝わった野菜・作物を祖先種にして成立した在来野菜が各地に残っている．例えば，‘津田カブ’（島根県松江市）や‘伊予緋カブ’（愛媛県松山市）は，近江から持ち出された赤カブを祖先種にしているとされている．これらのカブは江戸時代の参勤交代の際に持ち出されたと伝えられている．これに加えて，近江商人や北前船によって持ち出された野菜の例もある．例えば，岩手県遠野市の‘暮坪カブ’である．他方，近江商人の貢献には野菜の直接の持ち出しではなく，野菜の食べ方（調理法）の伝達もある．後者についてはそれぞれ，山形県の「おみ漬」や「芋煮」が代表的なものでる．本項では「おみ漬」を紹介する．

おみ漬は，「美しい緑色と，独特の辛味，香り豊かな味わいがあり，暖かいご飯と共に，茶受けとして，また，納豆を混ぜ合わせた「おみ漬納豆」にと，山形ならではの絶品漬物」である（山形市観光協会公式ウェブサイト）．地元では，冬の保存食として各家庭で受け継がれているとともに，漬物業者によって製造販売されている．

おみ漬の歴史について，『くらしを彩る近江の漬物』（滋賀の食事文化研究会，1998）に，「近江商人が漬ける—行商先の味が伝わる」で解説されている．しかし，近江に「行商先の味が伝わった」のではなく，近江商人が山形県内で考案した漬物であり，サブタイトルには誤解があるように思える．筆者は新潟県と宮城県に長年住んでいたが，両県ではおみ漬は見たことがなかった．おみ漬を知ったのは宮城県に住むようになってしばらくたち，山形市と仙台市を結ぶ道路が整備されて物資の交流が盛んになり，山形県の食品が仙台市のマーケットに並ぶようになってからである．

おみ漬の材料と作り方の紹介記事は数多くあるが，代表的なものとして，「おみ漬は，江戸時代に近江商人が青菜（せいさい），大根葉，かぶの葉を細かく刻んで，合わせて塩漬けにしたのが始まりとされる．近江漬（おうみづけ）がなまっておみ漬となった．」（山形市公式ウェブサイト）や，「おみ漬は高菜の一種「山形青菜（やまがたせいさい）」を使った漬物で，青菜漬とともに山形県を代表する漬物の一つである.」(農林水産省ウェブサイト・うちの郷土料理) がある. おみ漬は, 余った野菜屑などを無駄にしない手法として, 近江商人が伝えたことから,「近江漬」と呼ばれるようになったのが始まりとされる. これは京都で野菜の切れ端を無駄にしないために柴漬が考案されたことと同じである. 近江商人の「しまつのよさ」が現れている. 近江商人については, 蚊帳売りの商人や紅花の買い付け商人の伝承がある. 他方, 江戸時代末期の近江国には出羽山形藩の飛地があったことから, 近江商人以外の伝達の経路もあったかもしれない.

ところで, 上に書いたおみ漬の紹介では, 材料として「青菜, 大根葉, かぶの葉を細かく刻んで…」や,「山形青菜 (せいさい) を使った漬物で…」と紹介されている. 青菜 (せいさい) は, タカナの一種で「山形青菜 (やまがたせ

青菜

おみ漬

青菜漬

図5-1. 青菜およびおみ漬, 青菜漬
写真は (株) 三奥屋 (山形県高畠町) 提供.

いさい)」の名称で，「やまがた伝統野菜」の一つに認定されている．また地元では，別に「やまがた青菜」を材料にした「青菜漬」がある．そして「その昔，近江商人が考えた...？　近江漬けがおみ漬に．青菜漬けから生まれたおみ漬」（おいしい山形ウェブサイト）のような記載まである．おみ漬が江戸時代に近江商人のアイデアによって生まれたことを前提にすると，「山形青菜」がひろく栽培されるようになったのは明治後期であることから，記載には年代の矛盾がある．

青菜は明治37（1904）年に中国から国内に持ち込まれ，山形県には明治41（1908）年に種子が導入された．その後，大正初期に県内で採種に成功し，昭和に入り，栽培地域が県内に広がったとされる．青菜の栽培が広まった理由は，青菜が従来の漬け菜としていた体菜，山東菜，芭蕉菜などよりも品質が優れていたためである（『北国の野菜風土誌』，1976）．青菜の漬物材料としての利用は，青菜漬が早かった．青菜漬は肉厚の茎の部分を珍重して食べることが多く葉先は捨ててしまうこともあったが，葉身すべてをおみ漬の材料に使ったことがうかがえる．現在では，おみ漬は青菜漬とともに山形県を代表する漬物になっている．山形県での「山形青菜」の栽培と利用が増えたことに，おみ漬が役立ってきたことが考えられ「近江」の貢献がうかがわれる．

6　近江から伝わった郷土料理：山形のいも煮

サトイモが日本に伝来した年代はイネよりも早く，縄文時代と考えられている．サトイモは，東南アジアで栽培されているタロイモが温帯に適応した系統である．伝来後，稲作が普及するまでは準主食の位置をしめ，さらに農耕儀礼や儀礼食に用いられた．今でも縁起物として正月料理にサトイモを用いる風習が全国に残っている．サトイモは，国内ではほとんど開花せず，大半の品種が3倍体であることから，芽条変異によって現今の在来品種が形成されたと考えられる．今回，話題に取り上げる東北地方においても，‘悪戸いも’（山形県），‘山内いものこ’（秋田県），‘二子いも’（岩手県），‘伊場野いも’（宮城県），‘長兵衛いも’（福島県）などを含めて地域特産のサトイモが数多くある．

山形県には，秋の風物詩としてサトイモを使った「芋煮」を河原で炊いて食べるイベント「芋煮会」が行われる．9月中旬に山形市内の馬見ヶ崎川の河原で行われる直径6mの大鍋で有名な「日本一の芋煮会フェスティバル」は人気のイベントである．山形県村山地方（山形市を含む地域）の芋煮はサトイモに加えて，牛肉，長ネギ，こんにゃくを具材にして，醤油，砂糖で味付けされる．

「芋煮会の起源は，元禄年間（1688～1703年）の現山形県中山町とされる．江戸時代，山形県内陸部を南から北に流れ日本海にそそぐ最上川は舟運が盛んであった．内陸部から米や紅花，青苧などが酒田を経て京都・大阪へ運ばれ，京都・大阪からは砂糖や衣類，雛人形（上方文化）が運ばれた．元禄7（1694）年まで現中山町の長崎湊が舟運の終点で，米沢方面への船荷の積み替えが行われた．船頭や商人たちは荷揚げや荷待ちの逗留の間，棒だらと里芋を，川岸の松の枝に鍋を掛けて煮て食べた．これが芋煮会の始まりである．」とされている（『山形の名物　芋煮会のはじまり考』，1981）．

他方，山形県の芋煮の成立について，近江商人の関わりを示唆する伝承がある．「山形地方で人気のある「芋煮会」，…山形県に移り住んでいた近江商人たちがニシンとサトイモを煮て紅花取引の慰労会を行った…．…当時の近江商人はことごとくが紅花を取り扱っていた．その産地の…出羽・最上地方で，買い集め，これを上方，江戸に回送して財を築いた．…近年盛大に行われている「芋煮会」は近江と深く関係しているかもしれない」(『芋と近江のくらし』, 2006). この記載には, 棒だらとニシン（身欠きにしん）の誤解があると思われる. 近江（湖北地方）にはサトイモを主材とした料理に「棒ダラとサトイモの煮物」が昔から伝わり, 今も正月料理には欠かせない一品である. この料理は京都では, えび芋（サトイモの一品種）をつかう「芋棒」として有名である（前掲書). 棒だらとサトイモを炊いて食べる料理が近江から山形に伝わったことがうかがえる.

ところで, 村山地方の芋煮の具材はサトイモと牛肉, 長ネギ, こんにゃくであり, 味付けは醤油味である. 村山地域の南に接する置賜（おきたま）地域の芋煮もほぼ同じである. 芋煮は, 山形県の隣の宮城県にもある. 宮城県の芋煮は, サトイモと豚肉, 長ネギ, こんにゃく, 豆腐に加えていろいろな野菜が具材として使われ, 味噌で味付けされる. 山形県と宮城県の違いは, 牛肉と醤油味か, 豚肉と味噌味か, である. 芋煮は福島県と岩手県（いものこ汁）にもあり, いずれも豚肉と味噌味である.

筆者は長年仙台に住んでいたが, 牛肉か豚肉か, 醤油味か味噌味か, の違いを不思議に思っていた. 日本の東西の食文化の違いの一つに, 関西では牛肉, 関東では豚肉を好んで食べることがある. 昭和30年代後半の東北各県の県庁所在市の「生鮮肉消費における牛・豚・鶏構成比」を比較したデータがある（『President Online』, 2019). これによれば, 山形市は牛肉58%, 豚肉29

図6-1. 鍋掛松と芋煮の始まり
棒だらと里芋を材料に川岸の松の枝に鍋を掛けて煮て食べた. 山形県・中山町観光協会提供.

%，鶏肉12%である．他の県庁所在市（青森，秋田，盛岡，仙台，福島）では，牛肉が7～22%，豚肉66～85%，鶏肉8～17%である．昭和30年代後半（およびそれ以前）には山形市では圧倒的に牛肉が好まれていたことがわかる．江戸時代前期から明治初期までの山形内陸地域の紅花生産と関西への流通，芋煮の起源とされるサトイモと棒だらの煮物，近江も含めた西日本で牛肉が好まれる文化，は江戸時代以降の出羽国（山形県）と近江および近江商人の関わりを示すものである．すなわち，昭和中期ごろまで山形市（村山地方）で牛肉が好まれていたこと，および芋煮の具材が棒だらから肉に変わった際に牛肉が選ばれたことは，近江商人が食べなれていた牛肉食を持ちこみ，一般にも普及したことが下地になったものと推定される．

7 栽培法の工夫が作った在来野菜

在来野菜は，地域性，歴史，自家採種による種子の維持，などを考慮して様々に定義される．また，「ある地域で，世代を超えて，栽培者によって種苗の保存が続けられ，特定の用途に供されてきた作物」(『どこかの畑の片すみで』，2007）のように，用途が強調される場合もある．他方，在来作物（野菜）の定義に，栽培法が注目される場合はあまりなかったと思われる．特別に工夫した栽培法により，その地域独自の在来野菜ができている例がある．ここではそのような例をいくつか紹介する．

(1) ひろっこ／雪中あさつき

アサツキ（ヒガンバナ科ネギ属）はエゾネギの変種であり，本来野草で山野に自生する．葉や鱗茎を食用とするため栽培もされる．通常，アサツキは，春先の緑の若芽が伸びた幼苗の鱗茎が食べられる．3月下旬～4月に収穫される春先のアサツキは，香り豊かな春の味として珍重される．しゃきしゃきした食感と特有の香りと辛味があり，おひたしや酢味噌和えにして食される．アサツキは，山形県庄内地域の伝統野菜の1つに，また富山市の伝統野菜・地方野菜の1つにも認定されている．

秋田県湯沢地方および山形県最上地方

図7-1. 軟白化したアサツキ（ひろっこ）の葉身（上）と深く積もった雪の下から掘りあげる収穫作業（中，下）．写真はあきた郷土作物研究会提供．

では，雪の下で萌芽させたアサツキの白い若芽を，特別に「ひろっこ（ひろこ）」と呼んで食材にする．雪の下で光量不足で生長するためモヤシ状になる．また，ひろっこは雪消え後の緑の若芽も青ひろっことして食される．福島県会津地方にも同様に栽培したアサツキがあり，「雪中あさつき」と呼ばれている．これらのアサツキは12月中旬から4月中旬に収穫され，冬の味覚として扱われている．冬期にわざわざ深い雪を掘って若芽を食べることは，地域に根差した食文化の一つとみなされる．積雪下での栽培とは反対に，山形県置賜地域の小野川温泉では，温泉熱を利用して加温栽培されたアサツキが「小野川あさつき」として生産されている．このアサツキも冬の味覚とされている．

(2) 曲りねぎ

国内のいくつかの地方で「曲りねぎ」が伝統野菜として生産されている．関東や東北地方の通常の栽培では，生長に合わせて土を寄せていき，茎下部が軟白化したネギが生産される．曲りねぎは，ある程度育ったネギ苗を一度抜き取り，その苗を傾斜をつけた（または平らの）土の上に寝かせ土をかけて栽培する．数カ月後には土を被った部分が軟白化し，先端部が起き上がって生長する（負の重力屈性と言われる）．このような栽培法は，畑の地下水位が高い，あるいは作土層が浅いため苗の深植えができないなどの条件を克服して，軟白化した長い茎のネギを収穫するための工夫から生まれた．曲りねぎは，それぞれの地域の特産ネギとして評価が高い．

仙台曲りねぎ（宮城県仙台市および近郊）の栽培で，ネギ苗を横にし土をかけて栽培する方法は「やとい」と名づけられている．この方法は，明治の末に仙台市宮城野区岩切余目（あまるめ）の農家によって考案されたと伝えられている．この地域は近くに七北田川が流れ，地下水位が高くて水はけが悪いため土壌水分が多く，通常の栽培では良質のネギが育たなかった．このため「やとい」の栽培技術が生まれた．仙台曲りねぎの栽培には，主に在来種の‘余目ねぎ（松本一本ネギ系）’が使用されてきた．以前は‘余目ねぎ’は自家採種されていたが，現在は種苗会社から‘余目一本ネギ’や‘余目一本太葱‘の名称で種子が販売されている．

江戸時代の岩手県一関市は一関藩の治世下にあった．一関藩は，江戸時代初期に仙台藩伊達家の内分分知の分家として成立し仙台との交流が盛んであった．

このため，ネギの栽培でも仙台地方の品種や栽培法が伝わったと考えられる．ネギの栽培は北上川と磐井川が合流する地域で多い．苗の定植時に斜めに植える方法は，「さくり返し」と呼ばれる．この方法で生産される曲りねぎは，仙台曲りねぎに比べて，茎の湾曲が緩やかである．

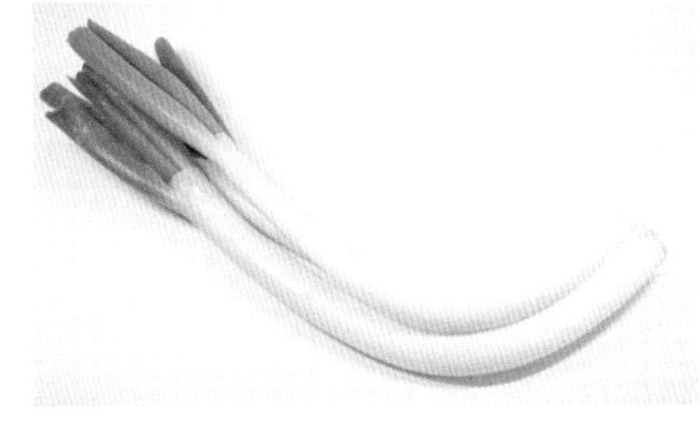

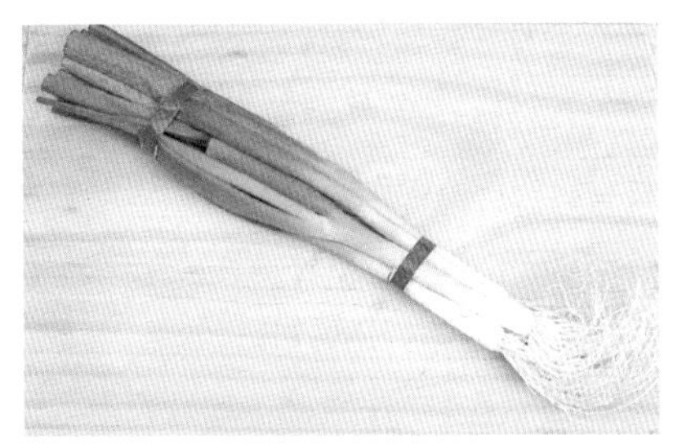

図7–2．曲がりネギ（上）と通常の真直なネギ（下）
フリー百科事典『ウィキペディア』から引用．

福島県郡山市の‘阿久津曲りねぎ’は，明治30（1897）年頃，富山の売薬行商人が伝えた「加賀ネギ群」の種子の栽培から始まったと伝えられている．阿久津地区の畑土壌は粘土質で作土が浅かったため，苗の定植時に斜め植えされるようになった（当地でもこの作業は「やとい」と言われる）．

栃木県宇都宮市新里町の「新里ねぎ」は，江戸時代末期から自家採種により栽培されてきた在来種の曲がりねぎである．この地域は，小石混じりの粘土質の土壌で水分を含んだ後乾燥すると固まってしまうため，昔の鍬を使っての手作業では深く掘ることができなかった．植え替え時に浅く掘った溝にねぎを斜めに寝かせて植え，生長と共に徐々に土をかけて軟白部を長くする技術が採用された．斜め植えの作業は「踏返し」といわれる．

8 仙台アサツキと塩釜アサツキ

アサツキ（図8-1）は，北海道から本州，四国まで，ほぼ全国各地に自生している．現在は，主に東北や北陸の積雪がある地方で，冬期から春先に掛けて野菜として栽培され，鱗茎と葉が食用に供される．地元で在来野菜としての消費に加え，東京や大阪の市場にも出荷されている．現在，アサツキは秋田県（伝統野菜「ひろっこ」），山形県（庄内地方「庄内アサツキ，月山ひろっこ」，置賜地方「小野川あさつき」），福島県（会津地方「雪中あさつき」），富山県（富山市）などで伝統野菜に認定されている．古くは全国的には野生植物を収穫することが主で，本格的に栽培するようものではなかった．江戸時代に東北地方で栽培化された後も，庭や畑の片隅の空き地を利用して自然の増殖に任せて放置栽培されていたのである．現在は，市場流通品として主に東北地方で栽培されているが，作付面積は多くない．このため品種分化がほとんどなく，せいぜい，早生‘鬼アサツキ’と晩生‘八房’が区別されている程度である（『日本の野菜文化史事典』，2013）．

現在は忘れ去られているが，仙台地方に‘仙台アサツキ’と‘塩釜アサツキ’の2種のアサツキが栽培されていたことを記した古い資料がある．塩竈市（以下塩釜市と略）は多賀城市を挟んで仙台市と近接している（図8-2）．在来野菜の調査研究では，このような野菜の記録を残しておくことは意義があると考えられる．ここでは，これらのアサツキについて紹介する．

筆者が大学入学直後に生物学を学び，その後教員になってからも薫陶を受けた恩師に，故清水芳孝先生がおられた．先生は，東北大学名誉教授で植物遺

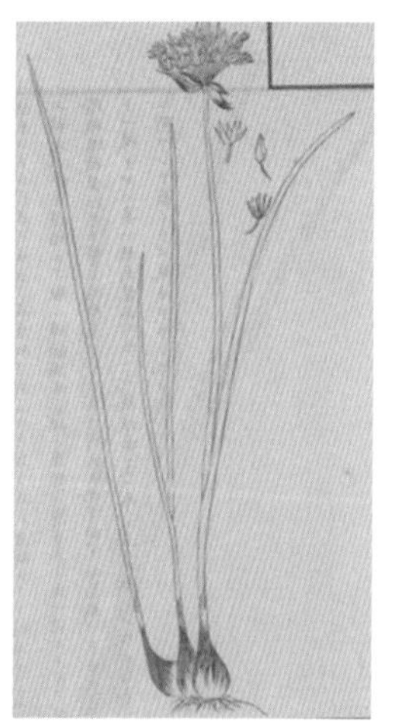

図8-1. アサツキ
『草木図説　六』．国立国会図書館デジタルコレクションより引用．

伝学が専門であり，身辺にある植物に関連した随筆の著述を良くされる方であった．この先生の随筆を集めた『日曜随筆　清水芳孝先生随筆撰』という冊子がある．この中に先生は，戦後間もなく（昭和25年頃）の仙台周辺に，‘センダイアサツキ（仙台浅葱）’と‘シオガマアサツキ（塩釜浅葱）’があったことを記している（清水芳孝，身辺植物考，アサツキ）．長くなるが，以下に引用する（一部を省略し，必要な説明を補った）．

図8-2. 宮城県内のアサツキの産地

“（終戦後まもなく，昭和25年頃，仙台市の）南町通りと東二番丁の交差点付近に戦災の焼跡を背景にして露店の八百屋や花屋が並んでいて……4月の半ば……このアサツキがしばしば顔を見せることがあった…このアサツキ（を買い求め食べ残りの）一株が分球されて鉢に植えられ，……研究に使われるとともに，多賀城の今の住宅に移ってからは庭の一隅にも移植され……．……翌年の夏……第一校舎（筆者注：東北大学富沢分校敷地内，現在は仙台市三神峯公園）前の石垣の間から雑草に混じって一本花茎を抜いて咲いているアサツキに似た大型の植物を見つけた．前記の…アサツキは花期を過ぎて，茎もそろそろ黄色を帯びた頃であり，花茎も一般のものより大型なので，名前も同定することもできないままに，堀り上げ鉢に移して保存した．”

翌年，先生はこれらの植物を細胞学的に検討し，前者の小型の方が2倍体（2n＝16），大型の方が3倍体（2n＝24）であることを見いだした．この当時，“文献を調べるとアサツキはもち論のこと，食用のネギ属中にははまだ3倍体は知られていない”時期であり，新しい発見であった．3倍体のアサツキは，その後，福島県の会津地方でも見つけられている（『北国の野菜風土誌』，1976）．その後この3倍体アサツキについて調べ，大学の職員から“この辺でオオアサと称する大型のアサツキを作ったことがある”ことを聞き，さらに“住宅に御用聞きに来る多賀城の八百屋がシオガマアサツキとセンダイアサツキの2種があることを家内に話していった”ことを知った．そして，“これらのことを綜合するとこのシオガマアサツキとオオアサなるものが私が石垣の間に発見した3倍体に当るらしいのである”と結んでいる．

さらに，“こうなると3倍体アサツキは郷土作物として一つの問題を提供する．それはいつ誰がどこでこの3倍体を発見し，またいつ頃からこれが農家の栽培品種として取り入れられるようになったかということである”と指摘している．これらの点については，現在でも「いつ，だれが，どこから，どんな種類（品種)」を持ち込んで，特定の在来野菜・伝統野菜が成立したのかを説明することが，重要な研究課題となっている．‘仙台アサツキ’と‘塩釜アサツキ’について今は資料がなく成立の経緯はわからない．しかし，昭和30年頃までは，仙台地方で，2倍体と3倍体のアサツキが形の大きさで区別されて栽培されていたことは確実である．現在，宮城県南部の白石市森合には，「森合あさつき」とよばれる在来のアサツキが栽培されている（みやぎ在来作物研究会フェイスブック，2016)．「森合あさつき」と「仙台アサツキ」および「塩釜アサツキ」との関連については今のところ何もわからない．「森合あさつき」は，福島県安達地方で古くから栽培されてきたアサツキの系統であろうと推定されるが，これも今後の検討課題である．

9 地域特産・伝統野菜アサツキの栽培

(1) はじめに

前項の「仙台アサツキと塩釜アサツキ」および「栽培法の工夫が作った在来野菜」で，アサツキを取り上げて伝統野菜・在来野菜の一つとして紹介した．一方，アサツキは農林水産省の「地域特産野菜」に指定されていて，毎年の作付面積・収穫量・出荷量が調査・公表されてきた．しかし，アサツキは地域特産野菜のなかでも生産量が少なく近年は大幅に減少を続けて，2018年には「地域特産野菜」の調査品目から消えてしまった．アサツキは「延喜式」(927年)に記載されていて，古くから自生のものが採取されて食されてきた．江戸時代には東北地方で栽培が始まり，さらに2000年代には施設栽培での大量生産も試みられた．また，上巳の節句の「浅蜊（あさり）あさつき」や正月の「あさつき粥」(福島県北部地方）など晴れの日の料理の食材となってきた．栽培の長い歴史があり，食文化とも関わってきたアサツキであるが，近年は生産量が激減していて，将来は細々と命脈を保つ伝統野菜になってしまうことも危惧されている．ここでは，近年のアサツキの栽培・生産状況について紹介する．

(2) アサツキの植物学と利用

アサツキは，ヒガンバナ科ネギ属の球根性多年草である．葉は円筒上で細長く生長すると30cm位になる．エゾネギ（西洋名：チャイブまたはシャイブ）を分類上の基本種にする変種である（学名：エゾネギ，*Allium schoenoprasum var. schoenoeprasum*；アサツキ，*A. schoenoprasum var. foliosum*)．アサツキは夏に地上部が枯れ，地下にできた球根（鱗茎）が休眠する．エゾネギは球根がほとんど太らず休眠をしない．アサツキは全国各地に自生し，エゾネギは本州中部以北に分布している（『牧野日本植物図鑑』，1940)．アサツキとエゾネギの両方が食用にされる．

アサツキは通常の露地栽培では8月下旬ころに球根を定植する．9月に出芽し緑葉を伸ばして生長し，晩秋には地上部が枯れてしまう．晩秋以降球根は再び発芽して，幼苗は冬期の低温下でも土中（あるいは積雪下）でゆっくりと生長する（この状態では軟白化している）．2月頃になり気温が上がってくると，幼苗は生長を加速し緑葉を展開する．5月頃から抽苔し6月には開花する．その後，地上部が枯死し地下の肥大した球根は休眠状態になる．

アサツキ植物体のどの部位（球根，茎，葉）を食材に利用するかは，地方によって異なる．自生しているアサツキは早春の生長開始後の緑葉を採取して食用にされる．この時期の採取は南関東以南の温暖な地方で可能で，上巳の節句の「浅蜊あさつき」の材料になる．この後，4月～5月上旬は葉が柔らかい状態で全草を採取して利用される．6月の開花後は，葉が硬くなるため食用には適さない．地上部が枯れた後球根を堀上げ，夏の期間，刻んで麺類のつゆに加え薬味として利用される．他方，アサツキの栽培化が古くから始まった東北地方の秋田県南部地域や山形県庄内地域，福島県北部（安達）地域，宮城県南部地域では，12月頃から翌年の2月頃まで土中で生長中の軟白化したアサツキを堀上げて食材としてきた．冬期にアサツキを食材にする伝統は，これらの地方に限られ，軟白化したアサツキは秋田県南部や山形県北部では「ひろっこ（ひろこ）」，福島県会津地方では「雪中あさつき」として食され，現在は地域の特産野菜として流通している．「ひろっこ（ひろこ）」や「雪中あさつき」が食材として開発された理由は，アサツキが栽培化されて植えた場所が分かるようになり，雪の下からでも簡単に掘り出せるようになったことが大きいと考えられる．現在，山形県庄内地方では，2月頃に堀上げた軟白化したアサツキをそのまま出荷するのではなく，堀上げ後10日から1か月位加温温室内で栽培し，葉が緑化したものを出荷している．このアサツキは，関東以南で早春の食材とされていたアサツキとほとんど同じ草姿をしている．以上のような冬から夏の利用法に加えて，8月下旬に植えて地上部が伸びたアサツキを秋に収穫して，青ネギのように使用されてもいる．これは，西洋料理で焼いたジャガイモ（baked potato）やポタージュの薬味として刻んだチャイブを使う方法と同じである．

(3) アサツキを巡る混乱

アサツキには，学名や地方名またネギとの混同など，他の在来野菜にはみられない混乱が資料からうかがえる．青葉高は著書『日本の野菜文化史事典』（2013）で，「『牧野日本植物図鑑』ではアサツキとエゾネギの学名は上で述べたものと同じであるとし，『日本植物誌』（大井次三郎）ではアサツキは同じであるがエゾネギは*A. s. var. bellum*とし，さらに『原色日本植物図鑑』（北村四朗他）ではアサツキを*A. s. var. foliosum*としエゾネギは記載していない」ことを紹介している．また青葉自身も，山形県酒田市付近で栽培されているアサツキには2種類あり，“茎の基部や球根が紫紅色で，球根が比較的小型で2～3月に収穫されるもの”をバンバ（婆）キモトと呼び，“花や球根の色が淡く，球根がやや大型で11～5月に収穫されるもの”をジジチャ（爺）キモトと呼んでいることを紹介し，前者がアサツキ，後者がエゾネギであるとしている（『日本の野菜文化史事典』，2013）．しかし，青葉の別の著書では，アサツキをジンジキモト，エゾネギをバンバキモトとしていて，混乱している（『北国の野菜風土誌』，1976）．

秋に出芽して地上部が生長したアサツキは，細い長ネギ状であることを述べた．どちらも刻んで料理に振りかけて薬味として使用できる．このため，食材として使用される細い長ネギが，アサツキと呼ばれている場合がある．その一例として，インターネット上のアサツキの説明をあげると，“……そして香りが柔らかい若いネギを「アサツキ」と呼びますが，山形にアサツキ（胡葱）というひげ根が着いたのがあるからややこしい．まあ辛味のない北日本の葉葱の若いのをアサツキとするのが一般的なんですが．正確にはアサツキは近縁種なんですが”（手前板前―和食のコツ―，ネギの種類）と記載されている．緑の若葉を刻んで薬味として利用する場合は，アサツキでも葉ネギでもどちらでも構わず，食材としては周年供給される葉ネギのほうが使いやすいであろう．「広島県産応援登録制度」（広島県農林水産局販売推進課）によって『あおいちゃん』の名称で認定されている青ネギ（JA広島北部）がある（広島県産応援登録制度ホームページ）．このネギはまさにそのように使用されるものである．また，インターネット上の「旬の食材百科―FoodsLink」のアサツキの項に，平成20（2008）年の全国のアサツキの生産量を比較したグラフが載っている．それによれば，全国の生産量が603tで，各県の内訳は広島県214t，福島県130t，山形県114t，群馬県60t，その他85tになっている．これらのうち福島県，山形県，群馬県の生産量は，2008年度の農林水産省の「地域特産野菜生産状況調査」に掲載された収穫量に一致している．しかし，同調査では広島県のアサツキ収穫量は0t（報告がない）である．「旬の食材百科―Foods

Link」記載の広島県の214tは，データ作成者が青ネギの収穫量をアサツキの収穫量とみなして，付け加えた可能性が考えられる．

上に述べた2008年のアサツキの生産量は，その時点での正確な値ではない．一方，各県の生産量（収穫量）については「現在でも山形，福島，秋田などの東北各県での栽培が多い．そのほかでは群馬，熊本の各県で多い」（『どこかの畑の片すみで』，2007）の記載もある．この記載は，2007年出版の本に書かれたものであり，近年の生産状況とは大きく違っている．年代による違いは混乱ではないが，アサツキ生産の現状を理解するには全く役に立たない．次節で，2000年代のアサツキ生産の推移を紹介する．

（4）「地域特産野菜生産状況調査」から消えたアサツキ

農林水産省の「地域特産野菜生産状況調査」をもとにして，アサツキの2000年から2016年までの隔年ごとの収穫量の推移（図9–1）と2016年の各県別の収穫量（図9–2）をグラフにした．生産状況調査は，作付面積と収穫量，出荷量からなるが，出荷量と収穫量とほぼ同じなので収穫量だけを示した．2018年の生産状況調査ではアサツキの項目がなくなった．これは収穫量が統計調査に取り上げる基準以下に減少したためだと考えられる．2020年以降の調査においても，アサツキの生産状況の調査結果はなくなるだろう．

2000年以降のアサツキの生産の大きな特徴は，2000年には全国で1,267tもあった収獲量が，2016年には197tに減ったことである．2000年に収穫量が最も多かった熊本県が，2006年に収穫量がなくなってしまった．また，2000年頃は福島県，山形県，群馬県が主な生産県であったが，いずれの県も収穫量

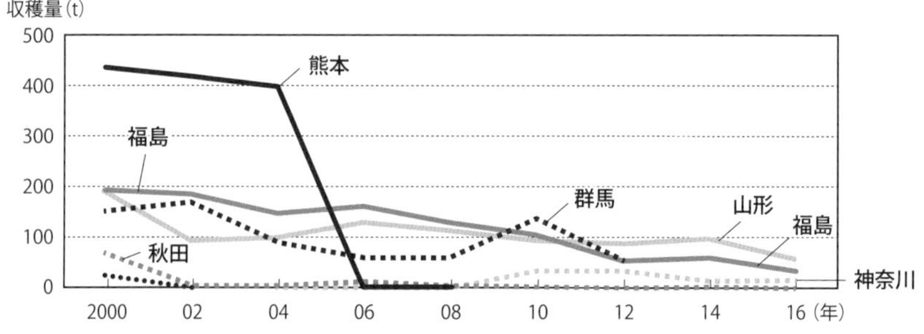

図9–1. アサツキの各県別の収穫量の推移

を減らしている．群馬県は2012年までは生産が続いていたが，2016年には収穫量が0tになった．2016年の各県別の収獲量をみると，第1位が山形県，これに福島県，神奈川県，秋田県が続いている．神奈川県の生産は2004年頃から始まり，2010年と2012年に最大（35t）になったが，2014年と2016年には16tに減少した．各県内の生産地域と割合を見ると，山形県では庄内地方の酒田市と鶴岡市が合わせて97％，福島県は県北の二本松市と福島市が合わせて98％，神奈川県は秦野市が99％，秋田県は湯沢市が100％であった．また，群馬県は2016年には生産がなくなったが，2012年には56tの収獲があって甘楽町で100％が生産されていた．

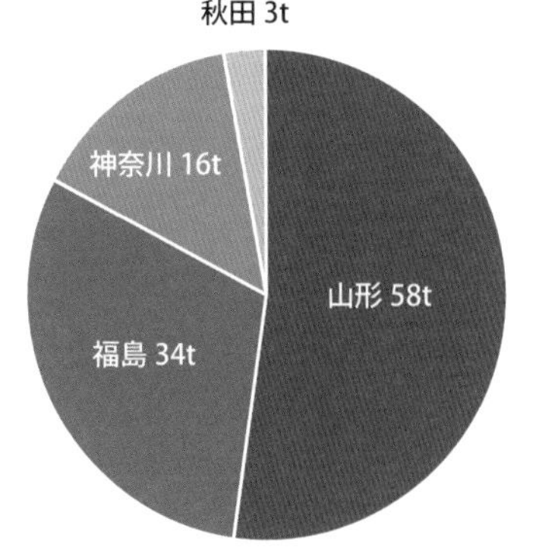

図9−2. 2016年度の各県別のアサツキ収穫量（t）
以前に生産があった福岡県，広島県，群馬県の生産はなくなった．

近年のアサツキの生産の特徴は，群馬県で2012年まで続いていた生産が2014年以降突然なくなったり，神奈川県では2004年から生産が始まり，2010年と2012年に収穫量が最大になり2014年以降は半減した．群馬県と神奈川県での生産は，都市の近郊野菜として栽培を始めた先進的な農家（または生産組合等）による生産活動によるものと考えられる．

他方，東北地方の山形県，福島県，秋田県の栽培は，江戸時代から伝わる在来野菜の栽培が続いてきたものと考えられる．山形県の庄内地方ではアサツキが伝統野菜に認定されている．秋田県南部地域と山形県最上地方の冬期に積雪下から掘りあげる「ひろっこ（ひろこ）」，福島県北部地方の「あさつき粥」などの伝統料理と結びついて栽培がなされてきた．東北地方と関東地方の生産形態の違いは，栽培の歴史が違うことを示している．近年アサツキの生産は大幅に減少し，地域特産野菜の調査項目から消えてしまったが，今後も，都市近郊での施設栽培が試みられる可能性はあるものの，国内生産の拡大は期待できない．一方で，東北地方の従来の生産地が，今後も伝統野菜の栽培地として継続していくことは期待できるであろう．

10 温海カブと矢島カブの取違い

‘温海カブ’は山形県の伝統野菜「やまがた伝統野菜」に認定され，‘矢島カブ’は滋賀県の伝統野菜「近江の伝統野菜」に認定されている赤カブである．2つのカブのアントシアニジン（赤色色素）はシアニンジンで，肥大根の色は紫赤色である．秋から初冬にかけての露地栽培では，‘温海カブ’は肥大根全球が紫赤色になるが，‘矢島カブ’は地上露出部が紫赤色になり地下部は白色のままである．両者のカブの関連について，‘温海カブ’は信州木曽地方の‘木曽紅（紫）カブ’（‘王滝カブ’，‘開田カブ’の近縁系統）に由来すること，および‘矢島カブ’は‘木曽紅カブ’が近江に伝わって‘信州カブ’となり，このカブが祖先種になってできたことが，最近の研究によって推定されている（Kubo ら，2019；佐藤ら，2019）．

日本大百科全書（小学館，1985年）の「カブ」の項にある標本画では，‘温海カブ’は肥大根の地上部が赤色で地下部が白色のカブ，‘矢島カブ’は肥大根全球が赤色のカブとして描かれている（図10–1）．日本大百科全書は，国内で評価が高いオンライン辞書・事典検索サイト「ジャパンナレッジ」において，知識源の筆頭のデータベースとして扱われている．しかし，‘温海カブ’と‘矢島カブ’については，正しく記載されていないものと考えられた．そこで，筆

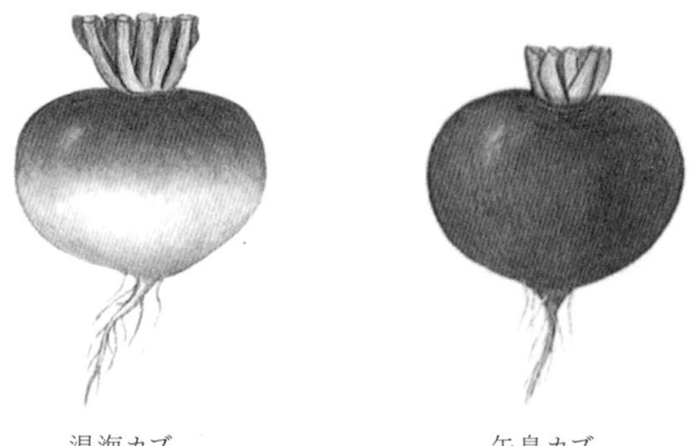

図10–1.「日本大百科全書（小学館）」掲載の標本画中の‘温海カブ’（山形県）と‘矢島カブ’（滋賀県）．元の図の一部を抜粋して示した．

者らは実際に2品種のカブを栽培して検証を試みた．

(1) カブの種子と栽培

2018年夏に‘温海カブ’の種子と‘矢島カブ’の種子を購入した．両カブの種子を，2018年9月8日に播種した．種子は，14Lの園芸用培土を入れた16L容のプランターに筋まきし，発芽1週間後に1プランターあたり10株を残して間引いた．無加温ガラス温室内で，適時潅水しながら2018年11月30日まで栽培した．

(2) カブの形と色の観察

赤カブの肥大根を収穫し水洗して表面の水分をふき取った後，形と色を肉眼で観察した．大きさの目安とするため，赤道部位の直径を測定後，肥大根の赤道部直径が5～7cmの個体について写真を撮った（図10-2）．実際に栽培した肥大根は，‘温海カブ’は肥大根全体が紫赤色，‘矢島カブ’は肥大根の上部（地上部）は紫赤色，下部（地下部）は白色であった．この結果から，日本大百科全書に記載されている‘温海カブ’と‘矢島カブ’の標本画は，名称が入れ替わっていると考えられた．この結果から，わが国を代表するような百科事典においても間違いがあることがわかった．伝統野菜を扱う際に正しい知識の普及に留意しなければならないと思われる．

温海カブ

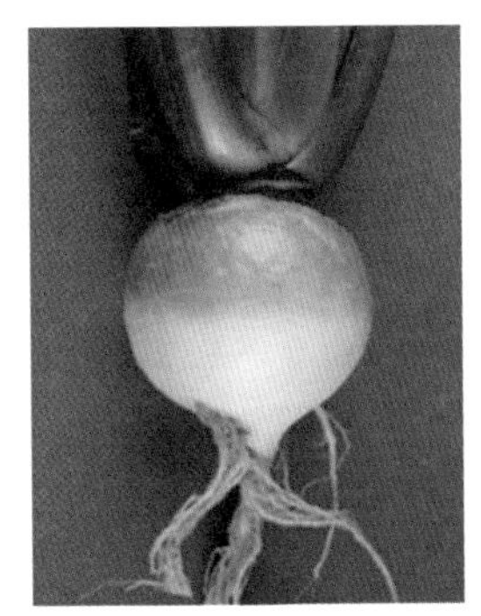

矢島カブ

図10-2. 実際に栽培した‘温海カブ’（左）と‘矢島カブ’（右）の外観

11 近江在来種に関連するカブ（1）

「木曽菜」の発見

筆者らは，滋賀県在来の赤カブの祖先種は，12世紀末に信濃の国から伝来し近江・湖東地域に定着したカブ（‘信州カブ’）であると推定した（佐藤ら，2019）．もとから栽培されていた地方にちなんで，‘信州カブ’と呼ばれてきたと推定されるが，滋賀県内ではなぜそのように呼ばれるのかわからなくなっていた．2019年12月に龍谷大学で開催された「全国在来かぶらサミットin滋賀」の一環として‘日野菜’栽培地（蒲生郡日野町鎌掛）の見学会が行われた．その際，地元生産者との懇談会の席で，日野町（を含む湖東地域）で‘木曽菜’が食されていることお聞きした．この話をされた生産者は「全国在来かぶらサミットin滋賀」に参加し，筆者の講演した「滋賀県在来赤カブの起源と系譜」を聞いており，写真で示した‘信州カブ’と地元の日野町で栽培され食されている‘木曽菜’が同じものであると確信されていた．この‘木曽菜’は1900年代後半までは自家採種されていたが，現在は‘木曽紫カブ’として市販されている種子を購入し栽培しているということであった．日野町で食されている‘木曽菜’は，長野県で栽培されている現今の‘木曽菜’とは異なる．長野県の‘木曽菜’は町村合併の都度，‘岩郷菜’，‘福島菜’，‘木曽菜’と名称を変えて現在に至っている．長野県の‘木曽菜’は地上部を食し，菜・漬菜として利用される．他方，日野町の‘木曽菜’は主に肥大根が利用される．同地域の特産である‘日野菜’はもっぱら漬物として食されるが，‘木曽菜’は漬物に加えて煮食もされている．当地では‘日野菜カブ’を‘日野菜’と呼称し，この名称が「近江の伝統野菜」にも採用されている．当地の‘木曽菜’も肥大根を主として食する野菜であるにもかかわらず，「カブ・かぶら」をつけずにたんに‘木曽菜’と呼びならわしてきたものと推定される．

その後，「木曽菜」について，さらに現地の方々の聞き取り調査を行い，「木曽菜」が滋賀県湖東地域に伝わってきたことを裏付ける調査結果を得た．調査は，滋賀県農政水産部の元職員や現地の日野町の農林課を介して，地元の年配の方々に話を聞いた．初めに，元県職員の方からは「普及員のOBに問い合わせたところ，そのOBの親の代では信州カブという名で作られていて，「おつゆ」の具として食べたという人がおり，また，日野町のOBは木曽菜（“多分母親はそのように言っていた”）は，それの葉も根も炊いてもらって食べた記憶があると言う人がありました.」の情報を得た．また，日野町の農林課を介して，JAグリーン近江日野菜生産部会の関係者からは，「日野町（だけに）に伝わったというものではない．どれくらい昔かわからないが，木曽地方から当地に伝わり，当町のあちこちで 農家が栽培し，漬物や調理食材として使われていた．親が元気な頃にはどの家庭でも栽培されていた．一定の年数がたち，今は違うカブが出てきたので，栽培はめっきり少なくなったが，今でも種苗屋で種が手に入るので栽培されている方もいる.」という話を聞いた．この「木曽菜」のようなカブが湖東地域にあることは，現地の人以外には滋賀県内でも知られていなかったのではないかと思われる．試みに，現地の40歳台の方（農協の日野菜カブ担当者）に尋ねたが「木曽菜」については知らなかった．

今までの滋賀県の伝統・在来野菜の文献・資料には全くみられなかった「木

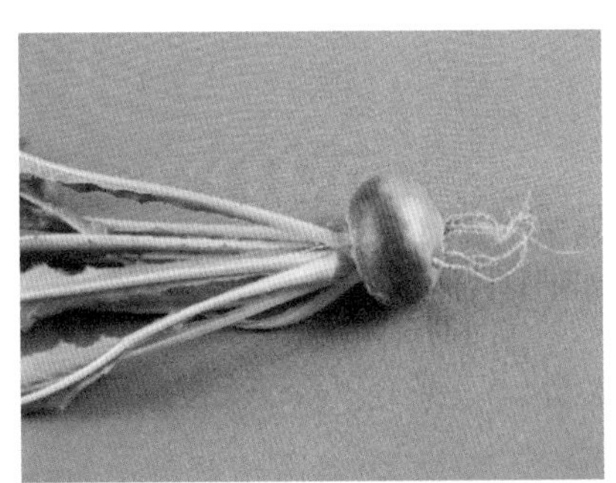

信州カブ

木曽紫カブ（木曽紅カブ）

日野菜カブ

図11–1. 信州カブおよび木曽紫カブ，日野菜カブの外観

曽菜」が日野町周辺の湖東地域にあることが明らかになった．‘日野菜カブ’は漬物として食されるが，「木曽菜（カブ）」は漬物だけでなく煮食（味噌煮など）もされる．この用途の違いが，2種類のカブが併存してきた理由として推定される．しかし，当地では，‘日野菜カブ’が近江の伝統野菜として全国的に普及し栽培・流通が盛んになったため，その陰に隠れて「木曽菜」が消滅に近い状態になっていると考えられる．筆者は，「木曽菜」は今までわかっていた‘信州かぶ’と同じカブであったものと推定している．より具体的地名が名称についていることが興味深い．今まで‘信州カブ’として記載されてきた滋賀県湖東地域に伝わる赤カブが，‘信州カブ’に加えてより具体的に「木曽菜」とも呼ばれていることは，このカブの信州起源説を裏付けていると考えられる．この「木曽菜」についてさらに情報を集め，近江の伝統野菜として存在していることを確かなものにしたいと考えている．

12 近江在来種に関連するカブ（2）

寄居カブ，伊予緋カブ，津田カブ

滋賀県の「近江の伝統野菜」には19種があり，そのうち9種はカブである．1種は白カブ（‘近江かぶら’）で，8種は赤カブである．赤カブはこの8種に加えてさらに4種の在来種がある．在来の赤カブには，近江の国から持ち出されて各地に根付き，在来野菜として残っているものがある．ここでは，そのようなカブに焦点をあてて紹介する．

（1）舘岩カブ

福島県南会津町の‘舘岩カブ’は，近江由来のカブを祖先種にして300年前から栽培されてきたと伝えられている．祖先種は近江日野城主であった蒲生氏郷（1556～1595年）が天正18（1590）年に陸奥国会津に移封された際に持ちこまれたカブと伝えられている．このカブの肥大根は全体が赤紫色の長球カブである．筆者の調査では，‘舘岩カブ’の肥大根表皮の色素抽出液の250–400nmの紫外可視吸収スペクトルは‘信州カブ’や‘木曽紫カブ’の吸収スペクトルによく似ていた．この結果は，「近江から赤カブ（‘信州カブ’と推定される）が会津に伝わり‘舘岩カブ’が成立した」という伝承と矛盾しなかった．しかし，分析に供した‘舘岩カブ’は長球形～長形であり，現今の丸形の‘信州カブ’や‘伊予緋カブ’とは異なり，長球形の‘王滝カブ’に似ていた．これから，近江の‘信州カブ’が会津地方に伝わって‘舘岩カブ’ができたのでなく，‘開田カブ’あるいは‘王滝カブ’が信州（木曽）から直接会津地方に伝わった可能性も考えられる．

（2）寄居カブ

‘寄居カブ’は，現新潟市中心部の寄居地域で栽培されていたカブで，現在は全国で栽培されている．このカブの起源は，江戸時代前期に始まった日本海航路の交易船である北前船によって，関西から持ち出された‘近江カブ’の種子が根付いたものとされている．江戸時代後期に，隣接する新発田藩領で作成された農書には，近江蕪の名称で栽培されていたことが記録されている（『日本農書全集25』, 1980). ただし，新潟の町の発展・都市化よって栽培が途絶えた後に，大阪の‘天王寺カブ’の種子が導入されて寄居カブとして復活したとされている（山岸，2013). したがって，今の寄居カブは現新潟市郊外に残存した古来の近江カブ系統と新たに持ち込まれた‘天王寺カブ’の系統の交雑による後代とも推定される（佐藤・久保，2019).

(3) 伊予緋カブ

‘伊予緋カブ’は寛永4（1627）年に出羽（現山形県）上山藩から伊予松山藩に国替えになった蒲生忠知（1604～1634年）が，近江の国から持ち込んだカブに起源をもつとされてきた．当時の伊予松山藩は24万石のうち20万石を伊予に領有し，4万石を近江（日野）に飛び地として領有していた．飛び地からの物産の移動に伴い，近江から伊予松山にカブが持ちこまれた可能性は大きい．

寄居カブ

伊予緋カブ

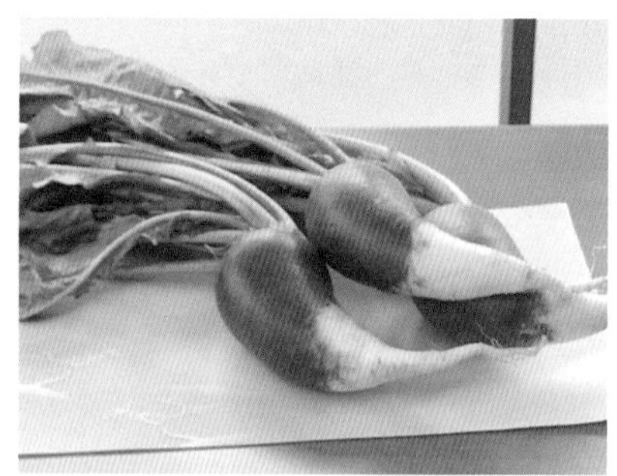

津田カブ

図12-1. 寄居カブおよび伊予緋カブ，津田カブの外観
出典：寄居カブの図は「カブの主な品種，大多和鐘三，日本大百科全書（小学館)」から抜粋引用．伊予緋カブと津田カブの写真は石川昭子氏提供．

今まで，近江から伊予松山に持ち込まれたカブは，‘日野菜カブ’であると推定されてきた．しかし，‘伊予緋カブ’は丸カブで肥大根全球が顕色する赤カブであり，‘日野菜カブ’は長形で肥大根の地上露出部が赤紫色，地下部が白色の赤カブである．この違いから‘伊予緋カブ’の祖先種は現今の‘日野菜カブ’ではなく‘信州カブ’であったという可能性が考えられた．筆者は，‘伊予緋カブ’と‘信州カブ’，‘日野菜カブ’の肥大根の色素抽出液の紫外可視吸収スペクトルを比較した．紫外可視吸収スペクトルは，‘信州カブ’と‘伊予緋カブ’ではよく似ていたが，‘日野菜カブ’とは違っていた．この結果から，近江から伊予松山に持ち出されたカブは，‘日野菜カブ’ではなく‘信州カブ’であったと考えられた（佐藤，2020）．伊予から土佐に抜ける梼原街道の土佐側の山中に，肥大根の地上部が赤紫，地下部が白色の大型の‘田村カブ’がある．このカブと‘伊予緋カブ’の関連も興味深い．‘田村カブ’が‘伊予緋カブ’から派生したか？を紫外可視スペクトルを比較して確かめたいと考えている．

（4）津田カブ

‘津田カブ’は，島根県松江市東部の津田地区一帯で栽培されてきた「まが玉状」の在来種赤カブである．その起源は，松江藩松平直政公の時代（1600年代中頃）の参勤交代の際，近江の国日野から松江に持ち込まれた‘日野菜カブ’であると伝えられてきた．しかし，著者は最近の検討によって祖先種は‘日野菜カブ’ではなく，‘彦根（小泉）カブ’および‘入江カブ’，‘矢島カブ’の共通の祖先種であることを推定している（佐藤，2021）．岡山県美作市に‘万善カブ’という在来種赤カブがある．このカブも形が勾玉状で肥大根の地上部は赤紫色，地下部は白い．直径は4cm，根長20cm前後で‘津田カブ’に似ている．このカブが伝承に現れるのは享保年間（1716～1736年）である．このカブについては，出雲の国（現島根県東部）から美作国（現岡山県東部）に持ち込まれた‘津田カブ’が祖先種になって成立したことを記載した資料がある．

13 近江在来種に関連するカブ（3）

山カブ，板取カブ，暮坪カブ

前項の近江在来種に関連するカブ（2）において，滋賀県在来のカブと，各地に持ち出されてその地の在来種として成立したカブの例として，‘寄居カブ’，‘伊予緋カブ’，‘津田カブ’を紹介した．これらのカブは，伝搬された経緯がよくわかっている例である．例えば，‘寄居カブ’は北前船によって新潟（北越後）地方に導入された‘近江カブ’が起源であると伝えられてきた．北前船による通商は江戸時代前期（1600年代前半）から始まったとされる．この項では，以前に紹介した近江由来のカブに加えて，その詳しい系譜は不明であるが近江の在来カブと関連があるとされてきたカブを紹介する．

（1）滋賀県の‘山カブ’と福井県の‘板取カブ’

筆者らは，滋賀県在来の赤カブの系譜を明らかにする研究を開始した当初，現存の‘山カブ’を祖先種として多くの赤カブ品種が分化・成立したことを想定した．‘山カブ’は長浜市余呉町の山間地に伝わる赤カブで，焼き畑で栽培されてきた．‘山カブ’の肥大根の色調は朱赤色で，アントシニジンとしてペラルゴニジンを含んでいる．この色素は，滋賀県琵琶湖北岸に伝わる‘赤丸カブ’（滋賀県米原市），‘小泉カブ’（彦根市），‘磯カブ’（米原市），‘万木カブ’（高島市）と同じである．詳細にみると，‘山カブ’の栽培地が3か所あり，地域によって形の違いがある．筆者らはそのうちの1系統を，SSRマーカーによる滋賀県在来の赤カブの系統解析に用いた．その結果，用いた‘山カブ’は樹形図上で4つのクラスターに分散し遺伝的な多様性があることが示された．他の赤カブ品種が1つのクラスターにのみ存在した結果と大きな違いがあった（Kuboら，2019）．この結果から，‘山カブ’のDNAレベルでの多様性が何に起因するのか？という疑問が生じた．

明治9～14年には福井県の嶺南地域が滋賀県の一部であった．当時の長浜市余呉町は福井県南条郡南越前町板取と北国街道によって結ばれていた．そして，現在板取には‘板取カブ’と呼ばれる赤カブが伝わっている．この‘板取カブ’と‘山カブ’について，青葉（1961）は，“山カブと板取カブを比較すると種子色（橙－赤橙）と100粒重（207–376mg）に違いがあるものの，葉茎，肥大根の形・色に違いがない”と述べている．また，“‘山カブ’は自家採種され，種子の一部は福井県今庄町など県外にも出している．しかし，一方では市販の赤カブの種子を購入して栽培する農家も多く，このため和種系品種に似てきたものと思われる．また，‘板取赤カブ’は江戸時代から栽培されていた古いカブであるが，近年は滋賀県伊香郡の山カブの種子をときおり導入して更新している．”とも述べている．したがって，現今余呉町に伝わっている‘山カブ’は古来の固定種ではなくいくつかの系統が交配してできた遺伝的多様性をもつ系統と考えられる．これが樹形図上で4つのクラスターに分布した原因と考えられる．

(2) 暮坪カブ・遠野カブ

岩手県遠野市暮坪地区に，肥大根の地上部が緑色・地下部が白色の長カブで非常に辛味の強い‘暮坪カブ’がある．‘暮坪カブ’は近江商人によって当地に持ち込まれたカブがルーツとなり，暮坪地域の土壌や気候に順応して独特の風味や辛みを持つカブができたと伝えられている（Premium Marche ウェブサイト）．その土地には，近江商人の墓碑（墓石）さえある．‘暮坪かぶ’は商標登録されているため，暮坪地区以外の遠野地方で栽培されるカブは‘遠野かぶ’や‘辛味かぶ’と呼ばれているという．‘暮坪かぶ’は近年「究極の薬味用かぶ」として知られ注目されている．民間種苗会社から‘遠野かぶ’として種子が販売され

山カブ

暮坪カブ

図13–1. 山カブと暮坪カブの外観
写真は石川昭子氏提供．山カブは光線の影響で紫がかっているが本来は朱赤色（挿入図）．

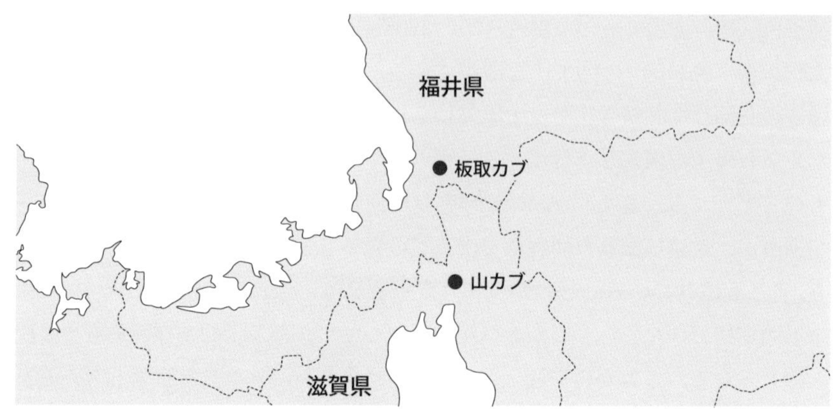

図13-2. 山カブと板取カブの栽培地
板取カブは，形は扁平な球状で色は赤橙で，山カブとほぼ同じ.

ている.

‘暮坪カブ’は京都の‘聖護院カブ’や滋賀の‘近江カブ’などと同系統の和種系カブとされる．天正年間（1573～1592年）に，近江の薬売りが岩手県にもち込んだのが栽培の初めであると伝えられている．天正年間（あるいは江戸時代初期）に南部地方（現岩手県）に京都（あるいは近江）由来のカブが持ち込まれたとしても，この時期に，近江や京都に長根系白カブがあったことを記載した史料は見つかっていない．南部地方に持ち込まれた‘暮坪カブ’の祖先種はどの様なカブだったのか？　それは現在の滋賀県の在来カブと関係があるか興味深い検討課題である.

14 近江かぶらと聖護院カブの伝承再考

滋賀県大津市在来の‘近江かぶら’は，肥大根の直径が10～15cmで扁平な形の白丸カブで，滋賀県の「近江の伝統野菜」の一つである．このカブは，「約400年前から栽培され，京都の千枚漬けの材料である‘聖護院カブ’の祖先種であると伝えられてきた」（大津市役所ホームページ）．‘近江かぶら’が現大津市・堅田から京都の東山に持ち出され，長年の栽培を経て球形・大型の‘聖護院カブ’が成立したとされている．他方，‘聖護院カブ’については，「室町時代すでに京都の東山カブは有名であった．これが4kgもの大きさになる聖護院カブで，…」（『世界大百科事典5』，1988）の記載もある．2つの説の江戸時代初期と室町時代の違いを考えると，‘近江かぶら’が‘聖護院カブ’の祖先種だとは即座には断定できない（図14–1）．

著者らは，‘近江かぶら’と‘聖護院カブ’の伝承の真偽を確かめるために，‘近江かぶら’と関連するカブ類の史・資料の吟味を行い，さらにDNAマーカーを用いて系統解析を行った（Kuboら，2019）．その結果，現今の‘聖護院カブ’の祖先種は‘近江かぶら’ではなく，現在は絶滅した円い大型の白カブ‘兵主カブ’であったことを推定した．“兵主”は現在は絶えてしまった地名（現滋

近江かぶら

聖護院カブ

図14–1．近江かぶらと聖護院カブ
近江かぶらの写真は大津市役所今井幹太氏提供．通常，聖護院カブは晩秋に白色の肥大根を収穫する（挿入図）．しかし，厳冬期を過ぎると赤紫色になる．

賀県野洲市）で，現地に兵主大社が残っている．そして，‘兵主カブ’から‘聖護院カブ’が成立した経緯として，江戸時代初頭までに‘兵主カブ’が京都の伏見・鳥羽・淀地域に伝わり，後に北上しながら「兵主由来の円い白カブ→東寺カブ→聖護院カブ→松ヶ崎浮菜カブ」に変わったことを推定した（佐藤ら，2019）．

ところで，‘近江かぶら’が京都・東山に持ち出され‘聖護院カブ’の祖先種になったという伝承はどの様にしてつくられたものであろうか．この伝承が成立した経緯に興味を持ち，史・資料を調査した．扁平な近江カブから‘聖護院カブ’ができたとする仮説の嚆矢は，『京都府園芸要鑑』（1909）に発表された論文と考えられる．この論文には以下のように記載されている（一部，旧字体を現代漢字と仮名に改めた）．

“聖護院蕪菁は享和年間聖護院の農伊勢屋利八なるもの近江國堅田地方より近江蕪菁の種子を求め之を試作せしに地味之が生育に適し且つ其栽培に意を用いし結果年を経るに従い原種の扁平なる形状変して円形となり一層肥大なるものを産し一個の重量二貫匁に達する一品種を生じて大に世に賞用せられ聖護院蕪菁の名著わるるに至れり…”．

この論文は農業分野の技術・研究者向けであり，一般向けの解説記事ではない．この記載内容（仮説）が一般に広まったきっかけは，植木（1972）が著書『京洛野菜風土記』で，‘聖護院蕪菁’の記事を発表したことが考えられる．植木（1972）の記載は，『京都府園芸要鑑』の内容をほぼそのまま引用したとみなされるが，文章表現が必要以上に誇張されている．また，『京都府園芸要鑑』では伊勢屋利八が堅田から聖護院に近江カブを持ち込んだ年代を享和年間（1801～1804）としていたが，『京洛野菜風土記』では享保年間（1716～1736）に修正されている．その理由は不明である．

これ以後にも聖護院カブの起源に関していくつかの推論が発表されたが，ほとんどが『京都府園芸要鑑』もしくは『京洛野菜風土記』の記載を引用したものである．青葉（1981）は『野菜－在来品種の系譜』のなかで，“享保年間（1720年頃），聖護院の百姓伊勢屋利八が江州堅田から持ち帰ったカブを改良の結果現在の聖護院カブが生まれた．その後天保年間（1835年頃）には本種の千枚漬が京都の名産になり栽培が盛んに行われた．『成形図説』（1804）にある大カブは本種とみられ，近江カブの図も現在の聖護院カブに似ている．”

と紹介している．また，高嶋（2003）は『歳時記　京の伝統野菜と旬野菜』のなかで，『京洛野菜風土記』の文章をほぼそのまま引用している．

これら資料では，堅田から京都・東山に‘近江かぶら’が伝わった時期が享和年間（1801～1804）と享保年間（1716～1736）の違い，京都に伝えた人物を農伊勢屋利八や篤農家伊勢屋利八，百姓伊勢屋利八，伊勢屋利八，篤農家伊勢屋利八翁（『野菜は世界の文化遺産』，1996）など様々に記載している．篤農家と百姓では大きな違いがあるし，“翁”についても年齢は不詳である．以上の食い違いから，記載内容の時代考証が不十分であることがうかがえる．伝統・在来作物の伝来については，‘いつ，だれが，どこから，どのような系統（品種）’を持ち込んだか，を明らかにすることも課題でもある．‘近江かぶら’と‘聖護院カブ’の関係を詳しくみると，時代や人物についての考察が非常にあいまいで，両者の関連は過去のいつの時代にか作り上げられた具体的な根拠が不確かな伝承であるとみなさざるを得ない．

15 トウガラシが渡来した年代

わが国に，トウガラシ（*Capsicum annuum*）が渡来した年代について，3つの仮説が提案されてきた．現在でも，どの説が正しいかは決着がついていない．3つの仮説を，『世界大百科事典19巻』の記載（鈴木晋一，1988）を以下に引用して紹介する．

“トウガラシの日本渡来の時期について，江戸時代には三つの説があった．第1は1542（天文11）年［筆者注；正しくは1543（天文12）年であろう］ポルトガル人が伝えたとするもの（佐藤信淵など），第2は1605年（慶長10）とする説（橘南谿など），第3は秀吉の朝鮮出兵，つまり文禄・慶長の役（1592～98年）の際，種子を持ち帰ったとするもの（貝原益軒など）であるが，どうやら第3の説が正しいようである．トウガラシの語がみられるのは《毛吹草》（1638年）あたりからであるが，《多聞院日記》文禄2（筆者注；1593）年2月18日条には，明らかにトウガラシである物が胡椒として記載されている．それは，コショウの種と称する物をもらったというのだが，その種はナスの種のように小さく平らで，赤い袋の中にたくさん入っており，その袋の皮の辛さには肝をつぶしたというのである．また〈コセウノ味ニテモ無之〉といっており，まさしくトウガラシであるが，まだ和名がなくコショウの名が借用されている．以上のことから，トウガラシは文禄の役当時に朝鮮から招来されたと断定できると思われる．”

文禄・慶長の役時に朝鮮から持ち帰られたという仮説について，山本宗立が『トウガラシ賛歌』（2010）所載の「薬味・たれの食文化とトウガラシ―日本」のなかで解説している．そこでは，豊臣秀吉または加藤清正が文禄年間（1592～1595年）に朝鮮半島から持ち帰ったという説の史料（花譜，1694年；物類呼称，1777年；農業雑誌第170号，1882年中の「蕃椒の説」）をあげており，また，『多聞院日記』中の記載についてもふれている．しかし“安土桃山時代（1573～1598年）にはすでに日本へトウガラシは伝来していたと考えていいだろう”と曖昧な結論で終わっている．これとは別に，民俗学者の山本紀夫は『トウガラシの世界史』（2016年）の中で，上で述べた渡来に関する3つの説，および『多聞院日記』の記載を紹介している．そして，「このどちらが正しいのかはいまだに明らかになっておらず，今なお議論が続いている」としている．

上に述べた議論では，「トウガラシが文禄・慶長の役時に朝鮮から持ち帰られた」という仮説の傍証として，『多聞院日記』の記載が引用されている．『多聞院日記』は，奈良興福寺多聞院主によって文明10（1478）年 から元和3（1617）年までの139年間にわたって書き続けられた日記で，戦国時代から江戸時代初期にいたる貴重な社会史料とされている．先に紹介したように，この日記の文禄2（1953）年2月18日の条に「トウガラシ」の記載がある．この記載年と文禄の役の年代が大雑把にみて合っていることから，トウガラシが朝鮮から持ち帰ったものと推定されてきたことがうかがえる．しかし，文禄の役が始まり豊臣秀吉軍が朝鮮・釜山に上陸したのは天正20年4月（この年の12月に文禄に改元）であり，翌年の文禄2年2月は朝鮮半島でまだ戦闘が続いていた時期である．和平交渉がなって，秀吉軍の諸大名が本土に帰還し始めたのは7月中旬である．またこの時期においても，加藤清正は戦後処理のため朝鮮半島に残っており，帰還はその後である．これらの出来事の時系列からは，文禄の役の後で帰還した秀吉軍によって，朝鮮半島からトウガラシが日本に持ち込まれたと仮定しても，その時期は文禄2年の夏以降であろう．『多聞院日記』の元禄2年2月18日の「トウガラシ」の記載の半年以上も後のことになる．したがって，『多聞院日記』中の記載は「文禄の役時に朝鮮から持ち帰られたという仮説」の証明にはならない．

安土桃山時代の，1543（天文12）年に中国・明船が種子島に漂着した際にポルトガル人3人が乗船していたとされる．この後，九州の諸港にポルトガル船が出没する

図15-1. トウガラシ（『成形図説』，1804）
『成形図説』（1804）にはいろいろな形のトウガラシの図が載っている．トウガラシが渡来後150年後には様々な形の分化が起こったことが分かる．国立国会図書館デジタルコレクションより．

図15-2. 栽培（生長）途上のトウガラシ

ようになった．1549（天文18）年にはイエズス会の宣教師フランシスコ・ザビエルが鹿児島に上陸し，翌年1550（天文19）年には九州北西部の平戸港にポルトガル船が入港している．そして，『日本の食物史』（1976）には“天文21（1552）年にポルトガルの宣教師バルタザール・ガゴが豊後の領主大友宗麟にトウガラシとカボチャの種を贈った”ことが書かれている．

これらの史実・伝承をもとにすると，トウガラシは，文禄の役時に朝鮮から持ち込まれたものではなく，安土桃山時代（1573～1598年）の早い時期にポルトガル人によって伝えられことが推定される．

16 近江のトウガラシ：杉谷とうがらしと弥平とうがらし

滋賀県の「近江の伝統野菜」に，‘杉谷とうがらし’と‘弥平とうがらし’の2品種のトウガラシが認定されている．前者は地域品種であるが，全国品種の‘シシトウ’の祖先種の可能性がある．また，後者は関西地域には珍しい極辛の橙色トウガラシである．ここでは，これらのトウガラシを紹介する．

(1) 杉谷とうがらし

‘杉谷とうがらし’（図16-1）は，甲賀市甲南町杉谷で，江戸時代から栽培されていたとされる濃緑色（未熟果）の甘トウガラシである．果実は肩直径が1.5cmほど，長さが5～7cmで，中央部でぐにゃりと曲がり表面が凸凹している．果実の先端はつまって獅子の頭状である．京都の在来野菜に‘田中トウガラシ’があった．このトウガラシには「田中蕃椒は一名小獅子またはシシトとも称し明治の初年，愛宕郡田中村（現左京区田中）の牧伊三郎氏が，滋賀県からこの種子を持ってきたと伝えられている．（途中略）田中を中心に栽培が多かったため，地名を付して田中トウガラシと命名」されたとする資料がある（『京洛野菜風土記』，1972）．現在の‘シシトウガラシ’は‘田中とうがらし’と同じものである（『京の野菜記』，1975）．‘シシトウガラシ’は‘杉谷とうがらし’に比べて少し大振りで果実の曲がりも少ないが，果実先端の獅子頭状の形は同じである．この2種のトウガラシは，‘伏見トウガラシ’や‘万願寺トウ

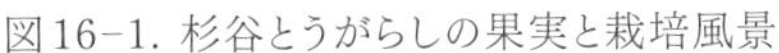

図16-1．杉谷とうがらしの果実と栽培風景

ガラシ'，'鷹峯トウガラシ'のような果実先端が尖る京都在来系統とは別な系統とみなされている．滋賀県内には，'杉谷とうがらし'が京都に持ち出されて'田中トウガラシ'が生まれたとする伝承や資料はない．しかし，'杉谷とうがらし'が，現在の'シシトウガラシ'の祖先種の可能性が考えられる．

(2) 弥平とうがらし

滋賀県湖南市下田地区で栽培されている，成熟果の長さが4～5cm，肩の直径が1cmくらい，長円錐形で先端が尖っていて，色は黄～橙色の激辛のトウガラシである（図16-2)．その辛さは100,000スコヴィル（SHU）とされ，鷹の爪（30,000SHU）やタバスコ（30,000～50,000SHU）より辛く，能鷹と同じくらいとされている．'弥平とうがらし'に果実の外観がよく似たトウガラシに，沖縄県の09-14系統がある（與那嶺ら，2013)．このトウガラシは，植物学的に*Capsicum annuum*である．沖縄本島南部地域で栽培・出荷も行われていて，沖縄県には購入種苗によって導入されたとされている．この果実の辛さの程度は記載がなくわからない．また，'弥平とうがらし'と09-14系統の関連も調べられていない．

'弥平とうがらし'が導入された経緯について，自治体の広報誌や生産・加工者のホームページ等に様々に紹介されている．そのうちの一つを以下に紹介する．滋賀県甲賀郡甲西町の広報誌（『広報こうせい』，2014）の「下田茄子と弥平唐辛子」の記事中に，下田地区住民からの聞き取り調査の結果が載っている．「この弥平唐辛子については，木田弥平さんから"私の先々代の弥平

図16-2. 弥平とうがらしの生果実（左）と乾燥果実（右）

が，どこからか持ち帰ったのが始まりです．うちは戦前から漬物屋をしてまして，その時分から弥平唐辛子と言うてました”と教わりました」．他の情報も含めてまとめると，‘弥平とうがらし’が持ち込まれた先については，どこか，韓国，朝鮮半島とさまざまである．年代は，100年ほど前，大正時代，先々代とこれもさまざまである．しかし，現在から100年ほど前は大正時代の前期になる．また一世代を50年とすると先々代の年代も100年ほど前になる．したがって，‘弥平とうがらし’が下田地域にもちこまれ時期は大正時代（前期）と推定されよう．

国内で栽培されている鷹の爪系統および近年の育種系統は主に温帯～熱帯に適応したトウガラシ（*C. annuum*）である．この他に，熱帯～亜熱帯に適応したキダチトウガラシ（栽培種が *C. chinense*, 野生種は *C. frutescens*）の一種である島トウガラシが西南諸島や小笠原諸島で栽培されている．先に紹介した「広報こうせい」の記事中で“この唐辛子も下田特有の作物で，八房や鷹の爪とは色も形も違います．（途中省略）確証はありませんが，八房や鷹の爪群よりもはるかに辛いことと，図鑑で世界中の唐辛子の写真をみても，弥平唐辛子のような黄味に近い朱色はほとんど見られず，カプシクムシネンセが色，形，大きさから見ても最も近い気がします．”と記載されている．しかし，江戸時代中期に栽培されていたトウガラシは，果実の形，大きさ，色，なり方について多様性に富んでいたと推定される（図15-1）．山本宗立は「日本のトウガラシ品種」（『トウガラシ賛歌』，2010）の記事中で『享保・元文諸国産物帳集成』（1730年代）に記載されたトウガラシの名称は54種類もあり，この中には‘黄なんばん’や‘黄とうがらし’など，黄色の系統も含まれていたこと，また，平賀源内が著した『番椒図譜』には‘黄鷹ノ爪’という品種があげられていることを紹介している．このような古い時代のトウガラシの多様性を考えると，‘弥平とうがらし’を *C. chinense* と推定することは飛躍しすぎであると思われる．今後，‘弥平とうがらし’と，*C. annuum* および *C. chinense* の他品種を栽培して検討することも必要であろう．

17 在来野菜としてのジャガイモ（1）

男爵薯とメークイン

わが国のジャガイモ栽培の歴史は，17世紀前半にオランダ船によって長崎に持ち込まれたことから始まったとされている．伝来したジャガイモは長崎から国内に広がり，特に関東や中部・東北地方で盛んに栽培された．この時期以降，江戸時代に伝来したジャガイモ品種の後代種が今でも中部や関東地方の山間地に在来種として残っている．さらに，明治維新後に北海道の開拓が始まった時期に米国や欧州から多くの品種が導入されて栽培試験・生産が進展し，北海道を国内最大のジャガイモ産地に押し上げた．明治時代後半に導入された‘男爵薯’が，北海道では伝統野菜に指定されている．‘男爵薯’は国内の生食用ジャガイモでは最も生産量の多い品種である．100年以上も前に導入された品種が，生食用としての生産量が最も多くかつ伝統野菜とされている例は，米や麦，さつまいもなどほかの穀物では見られない．このようなジャガイモの2品種を解説して伝統作物・在来作物としてのジャガイモの面白さを紹介する．

（1）ジャガイモの日本への伝来

ジャガイモは南アメリカの原産で，15世紀頃から16世紀頃にスペイン人が本国に持ち帰り，以後欧州大陸諸国および英国に広がった作物である．当初は有毒であるとみなされ栽培が進まなかった．欧州には地下に形成されるイモを食する作物はなかった．それのため地上部を食し，アルカロイドの毒にあたったのである．わが国へは寛永時代（1624～1645年）にオランダの商人が長崎に伝えたとされる．慶長年間（1596～1615年）やそれ以前の天正年間との説もあるが，様々な史料の吟味から17世紀前半とするのが妥当である．その後，関東［甲斐（山梨県），上野（群馬県）］や中部［飛騨（大部分は岐阜県）］，東北地方［羽後（秋田県），陸前（宮城県）］などの地域に栽培が広がった．

（2）男爵薯

明治に入って，米国から多くの品種の種イモが輸入され，明治末年には全国で4万haに作付されて，23～26万tの生産があったとされる．この間，北海道では，1908（明治41）年に川田男爵が米国から種イモを導入し，普及に一役買った．当時は品種名が不明であったため‘男爵薯’と呼称された（現在は‘Irish Cobbler’と判明している）．‘男爵薯’は早熟多収で北海道の風土に合っていたため，栽培が飛躍的に増加しさらに全国に広がり現在に至っている．2014（平成25）年には，ジャガイモの全国生産量は250万tで，そのうち生食用が73万t（29％）であった．生食用ジャガイモの栽培面積は，‘男爵薯’が14,300 ha,‘メークイン’が8,200ha，‘キタアカリ’が5,700haであった（生産量は‘男爵薯’，‘メークイン’，‘ニシユタカ’の順）．

‘男爵薯’は国内の主要品種の中でも早熟の品種に属する．肉質は粉質でほくほく感が強く，長年慣れ親しんできたジャガイモらしい風味と消費者の間での高い知名度で今でも消費が落ちない．2012年には，奨励品種に指定している都道府県として北海道，青森，千葉，山梨，富山，福井，広島，福岡があった．山形県は準奨励品種にしていた．

(3) メークイン

この品種は，イギリスで1900年以前から栽培されていたものが，わが国に1913（大正2）年以前に米国から導入され，1917～1918（大正6～7）年頃に北海道に導入されたとされている．1928（昭和3）年に北海道の地域限定優良品種，1931（昭和6）年に一般優良品種になった．肉質は粘質で煮崩れが少ない．収量も特に多くなく病害虫にも弱いため戦前は注目されず，さらに戦時中は食糧統制により食用いもは‘男爵薯’に統一されていたため，生産量は少なかった．戦後の昭和30年代に，煮物利用が多い関西方面で人気が高まり，その後全国的に普及した．また，目が浅く機械による剥皮が容易であるため，大量に使う給食施設での食材ジャガイモとして需要が最も多い．2012年に奨励品種に指定していた都道府県として北海道，青森，富山，福岡があげられ，

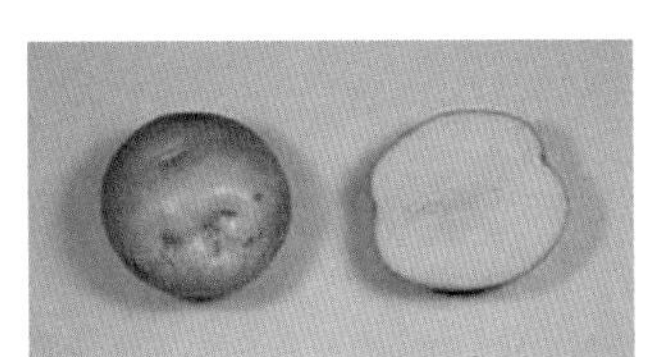

図17-1. 男爵薯（上）とメークイン（下）
フリー百科事典『ウィキペディア』から引用．

図17-2. ジャガイモ新品種の栽培試験
男爵薯とメークインは100年以上も前にわが国に導入された品種である．滋賀県では春作で栽培されている．筆者らは，秋作向けの多収，良食味，煮食用の品種として新しい品種‘さんじゅう丸’と‘アローワ’が有望であることを明らかにした．

長崎県は準奨励品種にしていた．

日本に導入されてから100年以上も経過した品種（‘男爵薯’1908年，‘メークイン’1913年）が，いまだに生産量の1位，2位を占めている．ちなみに，生食用として生産量が3位の‘ニシユタカ’の農林登録は1978年，4位の‘キタアカリ’の農林認定は1987年でありこれらの品種も相当に古い．さらに興味深いのは，‘男爵薯’が北海道の伝統野菜に指定されていることである．（本稿は，『ジャガイモ事典』，『ジャガイモ品種詳説』を参考にした）．

18 在来野菜としてのジャガイモ（2）
ごうしゅういも

昔に栽培されたが今では栽培の記憶もなくなっている野菜品種（系統）が，よその地方で導入元の地名を付けて現在も栽培が続いている例がある．例えば，徳島県三好市祖谷地方の‘ごうしゅういも’(江州，現滋賀県）があげられる（図18-1)．ここでは，‘ごうしゅういも’を取り上げて伝統作物・在来作物としてのジャガイモの面白さを紹介する．

徳島県西部の三好市祖谷山地域に，在来種のジャガイモ‘ごうしゅういも（江州芋）’が残っている．このイモの名称から，古い時代に近江から持ち込まれた系統と推定される．ただし，‘ごうしゅういも’は江州芋ではなく甲州芋とする説もある．このジャガイモには，芋の表皮が赤色の「赤いも」と白色の「白いも」がある．このジャガイモは地元では，郷土料理の「でこまわし」と呼ばれる田楽（じゃがいも・石豆腐・こんにゃくを串に刺し，ゆずみそを付けて火であぶったもの）としても食されている．

このジャガイモのうち「赤いも」は，遺伝子解析の結果および外観的な特徴がよく似ていることから，在来種の‘金時薯’，あるいは‘金時薯’からかなり以前に自然交配で生じた後代種であるとされている．徳島県の山間地では，自家採種（種イモの採種）と自家消費を続けたため，‘金時薯’のような古い種が残ったと考えられる．他方，「白いも」の来歴は不明であるが，太平洋戦争以前の時期に導入された品種が現在も残っていると推定されている．現在，滋賀県（近江）のジャガイモ生産は極めて低調（全国生産量は40位以下）で，在来種は存在せず，国内の他の地域に‘ごうしゅういも’と呼ばれるジャガイモが残っていることもほとんど知られていない．この‘ごうしゅういも’を，調理法（食べ方）とともに近江に里帰りさせて滋賀県内でも知名度を高め，これをてこにして現在の生産地と交流することができるかもしれない．

(1) ‘ごうしゅういも’の系譜

地理・民俗学者の千葉徳爾は「馬鈴薯雑考」と題した論考で，「馬鈴薯という作物は，イモ類の中では段違いに地方名の多い点で特異な来歴を持つ」(『全

集　日本の食文化3』，1998）と述べている．イモ類の地方名は農林水産省の調査（昭和24年）では，サツマイモ35種，サトイモ92種，ツクネイモ89種，バレイショ102種が採集されている．千葉は同論考の中で，「ゴウシュウイモは，江州産という感覚を与えるが，地方によっては甲州薯と聞こえる発音をする．福島・新潟・長野・三重各県の一部がそれで，岐阜県の大部分もこの地域に属する」と述べて‘ごうしゅういも’と江州の関連については否定する見解を述べている．この背景には，馬鈴薯がわが国に渡来したルートとしてジャワ・スマトラから四国に渡来し，ここから，‘ゴショイモ’や‘コウボウイモ’の名称で全国に拡がったと仮定していることにある．しかし，この独自の見解は一般には認められていない．

他方，牧野富太郎は論文「じゃがたらいもは馬鈴薯ニ非ズ並ニ其方言」(1917）の中で，ジャガイモの地方名（方言）を19種あげているが，その中に「甲州いも」と「豪洲いも」を区別して記載している．おそらく，豪洲いもは江州芋の書き間違いであると思われる．大正時代初期に，「甲州いも」と「江州いも」は別の系統のジャガイモとして認識されていたことがうかがわれる．現在，徳島県祖谷地方に伝わっている‘ごうしゅういも’が，甲州起源のジャガイモが関東・東海地域から，途中の近江の国（江州）を飛び越えて，祖谷地方に伝わったとは考えにくい．他方で，現今の「ごうしゅういも」が「江州に由来する，あるいは関連がある」とする確定的な根拠はないので，深く議論はできない．

(2) ‘ごうしゅういも’の栽培試験

現在，各地で伝統野菜・在来野菜への関心が高まっている．滋賀県にも数多くの在来野菜が伝わっている．滋賀県（旧近江国）の場合は，県内に伝わった在来野菜に加えて，県外に持ち出されて各地で在来野菜として栽培されている野菜がいくつかある．伝統野菜・在来野菜の振興では，そのような野菜の研究や見直しも大きな課題である．そこで‘ごうしゅういも’の種イモを2020年春に入手して，滋賀県内の3か所で栽培試験を行った．‘ごうしゅういも’の特徴として，現在栽培されているジャガイモに比べて形が小さい特徴がある．実際に，種イモの1個当たりの重さは赤いもが平均30gで白いもが16gであった．祖谷地方では‘ごうしゅういも’は春に種イモを植えて9月に収穫される．イモ

図18-1. 源平いもの名前で市販されているごうしゅういも（赤いも系統）. 2020年2月.

が小さい原因が，祖谷地方の冷涼な気候のため十分な肥大期間が確保できない，あるいは品種の特性で元々小さい，のいずれか興味深い．滋賀県内の低地の温暖な気候条件下で栽培した場合，より大きなイモが収穫できるかも興味深い．実際に滋賀県内で‘ごうしゅういも’を栽培し，収穫したイモの重さを比較した．栽培は滋賀県甲賀市の菜園で行い，2020年3月21日に種イモを植付け，同年7月18日に収穫した（栽培期間4か月）．栽培管理は慣行法によって行った．植え付けた種イモの個重（植え付けたイモすべての平均）は赤いもが25g，白いもが17gであった．収穫したイモの個重（任意に選んだ30個の平均）は赤いもが30g，白いもが20gであった．この結果から，‘ごうしゅういも’は温暖地の滋賀県で栽培しても，イモの大きさ（重さ）がほとんど変わらないことが示された．この栽培試験は渡邉健三氏によって行われたもので，結果を引用させていただきました．

19 伝統野菜としての食用ギクの色

伝統野菜とし認定されている食用ギクがいくつかある．現在，青森県の‘阿房宮’（黄ギク），秋田県の‘湯沢菊’（黄ギク），山形県の‘もってのほか’（紫ギク），新潟県の‘かきのもと’（紫ギク）と‘仙人菊’（新潟県柏崎市；白ギク），滋賀県の‘坂本菊’（黄ギク）である．このほかに，伝統野菜として認定されていないが，山形県や新潟県には地域性のある品種がたくさんある．‘もってのほか’と‘かきのもと’は‘延命楽’の地域栽培種とされている．一般の栽培ギクが6倍体であるが，この‘延命楽’は7倍体であり草姿，花径が大振りである．また，新潟県新発田市には‘花嫁’（登録商標，もともとは‘二ツ山一輪ギク’として収集された）と命名された一輪咲きの紫ギクがある．このキクは8倍体でありさらに草姿，花径が大きい．

伝統野菜として認定されている食用ギクの花色には，主に花弁（舌状花）の色が黄と白，紫の3種がある．‘仙人菊’については，「つぼみは黄色だが，開花が進むにつれて，外側の花びらが白くなっていく」ことが特徴とされている（柏崎市公式ホームページ）．他方，紫色のキクは，花弁に含まれる赤紫色素（アントシアニン）の量によって薄いピンク色から濃い紫色まで変化する．‘かきのもと’の白根（しろね；地名）系は，非常に濃い紫色が特徴になっている．これらの黄ギクと白ギクの関連，および紫ギクの色調の現れ方について最近の知見を紹介する．

（1）黄ギクと白ギク

黄ギクの色素はカロテノイドである．開花は花弁の生長開始によって始まる．蕾中の生長初期の花弁ではカロテノイドが生成されて黄色になる．生長が進むと，カロテノイドを分解する酵素が働き始め，カロテノイドがなくなるため花弁が白色になる．すなわち，白色花弁では色素がないため，細胞内で光が乱反射して白く見える．さらに開花が進んで花弁が開くと，白ギクとして開花する．これが白ギクが咲くメカニズムである．‘仙人菊’の白色花はこのようにして形成される．他方，突然変異によってカロテノイドを分解する酵素が働かなくなると，カロテノイドが蓄積して花弁は黄色のまま開花する．これが黄ギク形成のメカニズムである．これから白ギクは正常型，黄ギクは突然変異型とみなすことができる．白ギクから黄ギクへの突然変異は比較的容易に起こる．しかし，一度失われた酵素の働きが回復する復帰突然変異はほとんど起きないため，黄ギクから白ギクへの逆方向の突然変異はほぼ起こらないといってよい．園芸花きを含めて植物の花では，赤・紫色の花が突然変異して白色の花が咲くことはしばしば観察されることである．白ギクと黄ギクの間では，この一般的な法則があてはまらない．

(2) 紫ギク

一重菊‘花嫁’は，かきのもとや延命楽と同じ種類の色素（アントシアニン）を持っているが，含量が少ないためピンク色に見える．このキクを新潟県新発田市からとり寄せ大津市で栽培してみたところ，2018年の秋には10月中旬の

2018年10月22日

2019年10月9日

2019年10月14日

図19-1. 一重菊‘花嫁’の花色の比較

開花当初からピンク色の花が咲いた．翌年2019年は10月初旬から開花が始まったが，咲き初めの花は白色であった．その後，中旬にはピンク色の花が混じり，下旬にはピンク色の花が咲いた．この原因は開花期の気温の違いによるのではないかと考え，両年の9，10月の気温変化を比べてみた．2018年は9月中の最高気温が平年値を下回る傾向で推移したが，2019年は逆に平年値を上回る傾向で推移した．大津市の9，10月の平均気温の平年値は，それぞれ23.2℃，17.1℃である．2018年の9，10月の平均気温は22.8℃，17.9℃で，平年値と比べて－0.4℃，＋0.8℃で大きな差はなかった．しかし，2019年の9，10月の平均気温は25.4℃，19.4℃で平年値と比べて＋2.2℃，＋2.3℃で異常に高かった．花弁中のアントシアニンを生合成する経路ではフェニルアラニンアンモニアリアーゼ（PAL）が鍵酵素として働いている．PALは25℃を超えると正常に働かないことが知られている．したがって2019年の9月は気温が高すぎたため，蕾から開花開始までの期間にPALの働きが低下して，10月初旬に開花した花が白色になったと考えられた．

一重菊‘花嫁’は，秋に高温が続く地域では，ピンク色の花弁の形成が阻害されて白色化し，食材としての価値が失われることがわかった（図19–1）．“この地域の伝統野菜を，他の地域に持って行って栽培してもうまく育たない”という話をよく聞く．そのような話は，大方は正しくなく単に地元の在来野菜を大事にするあまりの誇張である場合が多い．しかし，今回みられた一重菊‘花嫁’の花色変化は，一つの要因が栽培地の気温であることをうかがわせた．

20 宮城県の食用ギク

東北地方4県（山形，青森，秋田，岩手）と新潟県，沖縄県では，食用ギク（食用ギクには料理ギクとツマギクが含まれるが，以下では料理ギクのみを食用ギクとしている）の栽培が盛んで，この6県が国内の食用ギクの生産県の1位から6位までを占めている．他方，東北地方でも宮城県と福島県については，食用ギクの栽培・生産はないとみなされている．しかし，宮城県内で食用ギクが栽培されていたことを記録した文献資料が残っており，昔は栽培されていたことが明らかである．ここでは，宮城県で栽培されていた食用ギクを紹介する．

『資源植物事典　増補改訂版』（1957）に記載のキクの項目中の食用ギク（料理ギク，甘ギク）を述べた中に，“薬舗に売るものは多く仙台から来る”と記載されている．この本の初版は1949年であるので，昭和初期に漢方薬の材料としてキクが仙台地方で栽培されていたことがうかがわれる．

また，『北国の野菜風土誌』（1976）のなかで，料理ギク（食用ギク）を解説し，阿房宮，袋菊，食用黄菊，湯沢菊，蔵王菊，赤大菊の6種類を解説している．そのうちの食用黄菊について，“青森，宮城，山形，福島などの各県で作られている黄花の料理菊で花は平弁の中輪菊である．品質は中位で販売されるものもあるが多くは自家用である．青森県で作られる金松葉はこの仲間であろう．”と書いている．同時に，「宮城県の黄菊」の写真を載せている（図20-1）．この宮城県の黄菊については，花の直径，花期，栽培地の記載はない．花の形については，平弁で，舌状花数が少ない，中心部（筒状花集合部）が明瞭，外周の舌状花の大きさが不揃い，などの特徴がある．この写真にある菊の花の形を，『食用菊大図鑑』に掲載されている‘上田菊’（岩手県，盛岡市上田地区で採集されたと推定される）および

図20-1. 宮城県の食用黄菊
青葉高『北国の野菜風土誌』（1976）から引用.

‘湯沢菊’（秋田県）の形と比べても，どちらに似ているともいえない．後で述べるように，宮城県由来の黄菊品種（系統）には少なくとも‘宮城’（仮称）と‘角田’（仮称）の2種があり，‘宮城’は‘湯沢菊’の，‘角田’は‘上田菊’の類似品種とされている．また，「宮城県の黄菊」は現在岩手県南部（例えば金ヶ崎町など）で栽培されている食用ギク（黄菊）によく似ているので，宮城県の北部で収集された食用ギクの可能性がある．

およそ40年前になるが，岩手大学農学部の遠藤・岩佐（1982）は「食用ギク及びツマギクの特性と品種分類」を取り扱った論文を発表している．その中で，東北6県に加えて，新潟，栃木，茨城の各県で収集された52品種の食用ギクを試験材料として扱っている．この品種群のなかに，宮城県で収集されたと推定される，3種の食用ギク（品種）が含まれている．そのうちの1つは，仮称‘宮城-D-白（Miyagi-D-shiro）’である．この品種は，試験に使った52品種の中には類似品種がみられない独自のものであった．花は，平弁で白色，花茎6.1～7.5cm，香と食味はともに中位で，苦みが弱い．2つ目は，仮称‘角田’で，‘上田菊’の類似品種である．‘上田菊’は，さじ弁で黄色，花茎7.6～9.0cm，香と食味はともに中位で，苦みが弱い．3つ目は，仮称‘宮城’で‘湯沢菊’の類似品種に分類されている．‘湯沢菊’の花は，平弁とさじ弁が混在し花色は黄，花茎7.6～9.0cm，香と苦みともに中位で，食味不良とされている．なお，この論文中には，“収集品種数は少ないが，秋田・福島・宮城の3県ではそれぞれ赤，赤紫，白が1品種ずつ見出された”の記載があるので，宮城県には上の3品種以外にも，食用ギクの品種が存在していたものと推定される．

さらに，遠藤・稲田（1990）は「食用ギク及びツマギクの染色体数について」と題した論文を発表している．この論文中で，‘宮城-D-白’の染色体数は2n＝54であることを明らかにしている．通常の食用ギク・栽培ギクは6倍体（6A＝54）である．この論文中で材料に用いた‘宮城-D-白’は，山形大学農学部のコレクションから入手したことを記載している．この論文が発表されてから，すでに30年になるが，もし同大学に‘宮城-D-白’が系統保存されているならばこれを入手して，「宮城の食用ギク」として復活させることができる．この品種は，遠藤・岩佐（1982）によれば，類似品種がみられないユニークな品種であり，東北地方の他の地域では見られない食用ギクを作り上げることができるであろう．また，昭和期の中ごろまでに宮城県内で食用ギク品種の収集が可能であったことから，現在も，自家消費用の小規模の栽培が残っている可能性もあり，これらの探索も興味深い．現在，宮城県での販売用の食用ギクの栽培はないが，秋には山形県産の‘もってのほか’などの食用ギクが販売されて，相当な需要がある．宮城県内で在来野菜として食用ギクの栽培を復活し，話題性を加えて市場に出すことが可能であると思われる．

21 坂本ギク

要旨

大津市坂本地域では，地元で栽培されている食用ギクを「坂本ギク」と呼んで来たので，1900年代後半には7種の坂本ギクが数えられていた．この中には，青森県由来の‘阿房宮’もあったとされている．7種のうち，管弁・小輪（花の直径が約3cm）の黄菊と，平弁・中輪（花の直径が10cm以上）の黄菊が在来種とみなされている．現在，前者を滋賀県が近江の伝統野菜「坂本ギク」として認定している．しかし，この坂本ギクは，花が小さいため収量が少ない，花弁の摘み採りに時間がかかる，病気に弱いなどの欠点がある．もう1種の平弁・中輪の黄ギクが現存しているので，新たな食用ギクとして普及させることが考えられる．

（1）はじめに

農林水産統計データの食用ギクは，料理材料のキク（料理ギク，菊海苔など加工用も含む）とツマギクを合わせたものである．以下ではツマギクを除いた料理ギクのみを食用ギクとして扱う．食用ギクの生産量は2008年から2018年までの10年間に半減し，2018年は384tであった（地域特産野菜生産状況調査，2019）．山形，青森，新潟，秋田，岩手，沖縄の6県で出荷量の100％を占めている．滋賀県の在来種食用ギクである坂本ギクは，販売用として栽培されているものは年間100kgほどで，農林水産統計の出荷量への寄与はゼロである．しかし，近年の伝統野菜の見直しブームにのって，坂本ギクの栽培に関心が集まっていて，実際の栽培に手をそめ始めた生産者も現れている．坂本ギクについては，消費者はもちろん，新規参入を目指している生産者も十分な知識を持っていない場合が多い．そこで，栽培や流通，普及に役立つ坂本ギクの情報を簡単にまとめて紹介する．

（2）伝統野菜としての坂本ギク

滋賀県では2018年に，「近江の伝統野菜」の1つとして坂本ギクを認定した．

図21-1. 管弁の坂本ギク（左）と平弁化した坂本ギク（中，右）（筆者原図）

その際，坂本ギクは“花径は3センチメートル程度で，鮮やかな黄色と香りの強さ，花びらが丸く筒状になっておりシャキシャキとした食感”をもつと説明している（『近江の伝統野菜』，2018）．坂本ギクの最大の特徴は，花弁（植物学的には舌状花）が管状花（筒状花）で，管がまっすぐに伸びて先端が明瞭な鋸歯状になっていることである．しかし，最近筆者らが栽培している系統では，管状花の形がくずれ平弁の花の割合が多くなっている（図21-1）．2000年頃に，坂本地域の篤農家が管弁と平弁の花が混じった集団から，管弁の系統を選抜したといわれている．近年，選抜の効果が薄れてきたため，管弁と平弁の花が混在するようになっていると考えられる．

食用ギクは，「苦みがなく，味や香りが優れ，収量が多い」など食用に適した品種や系統を，観賞用のキクから選んだものである．現今栽培されている食用ギクは八重咲きで花径が9～18cmの中輪ギクが多い．花径が9cm未満の小輪ギクは，収量が少なく花弁を摘む作業に手間がかかるため食用ギクには不向きである．実際に花径が5cmほどの山形県の‘蔵王ギク’は，食用ギクではなくツマギクとして栽培されている．坂本ギクは花径が3cm位でいかにも小さい．花が小さいだけでなく，病気に弱く加工しにくい（『近江の特産物発掘調査報告書』，2007）．それにも関わらず，400年以上も栽培され続けて来た歴史とそれにまつわるストーリーに，他の地域の在来食用ギクには見られない特徴がある．

（3）坂本ギク渡来の伝承と栽培の歴史

坂本ギクが中国から近江国坂本に伝来した経緯については，『近江の伝統野菜』（2018）の解説に“延暦寺を開いた天台宗の開祖最澄が薬草として日本に持ち帰り，平安時代から食用ギクとして比叡山のふもとの坂本地区で栽培されてきたといわれる”とある．この記事の内容は今は確かめようがない伝承であり，特に渡来当時のキクが管弁の小輪ギクであったかどうかは不明である．

青葉高は『日本の野菜文化史事典』（2013）のなかで，食用ギクの成立の経緯と歴史について大略次のように述べている．“食用ギクの誕生はキクの栽培が大衆化された後で，それほど古いことではない．平安時代のキクは貴族社会や神社仏閣で栽培された程度で，江戸時代になって戦乱が治まると庶民の間で広く栽培されるようになった．この時期から，大輪ギクや伊勢ギク，江戸ギクなど多くの系統が分化し多様な品種が作られるようになった．キクの花の食用化は，おそらく京都を中心にした関西地域で始まった．芭蕉の句集には元禄3（1690）年近江国堅田での作として「蝶も来て酢を吸ふ菊の鱠哉」や「折ふしは酢になる菊の肴かな」の句があるが，この時期に関西地方でキクの花を膾などにして食べていたことがうかがえる．時代が降って，大正末期には東京の南葛飾郡小松川，南足立郡梅島村，長野県上高井郡綿内村，青森県八戸町に産地ができていた（下川義治，1926）が，第2次世界大戦前後の食糧難時代に栽培が減少し従来の産地が消滅した．他方，北関東以北では家庭菜園での栽培が残り，戦後生活レベルの向上につれて食用ギクの需要が生まれ生産が増えた．”と書いている．坂本ギクも，このような国内の食用ギクの栽培化と産地の拡大・縮小の歴史の中で，例外的に関西地域で現在まで残ってきたものと考えられる．現在，東北地方で食用ギクが栽培されている理由として，農業生産力が低く十分な食料が得られないためキクを食べるようになった，といわれる．しかし，これは上の考察に照らすと全く逆で，第2次世界大戦以前は国内の各地で食用ギクが栽培されていたが，大戦期の食糧増産のために食用ギクを栽培する余裕がなくなって大方の産地が消滅し，食糧生産の余裕があった東北地方に食用ギク栽培が残ったものと考えられる．

（4）坂本ギクには複数品種がある

一般に，栽培地名を冠した在来野菜には，植物学的に見て単一の品種（系統）とみなせるものと，同一品種であるが複数の系統を含むものがある．従来の坂本ギクはこの範疇を超えていて，異なる品種・系統でも坂本地域で栽培されている食用ギク全種をまとめて「坂本ギク」としてきた経緯がある．そのため，1900年代末には7品種の「坂本ギク」が数えられていた（『坂本が育てた料理菊と文化』，1990）．現在，「近江の伝統野菜」に認定されている坂本ギクは，そのうちの1品種で在来種と推定されるものである．

木島（このしま，1993）は『滋賀の伝統的食文化図録』に掲載された「坂本の食用ギク」の項で“現在も坂本や真野等では早生のキクと，晩生のキクが食用に栽培されているが，早生種は花弁が管状になっており，晩性種は平らでねじれ気味の花弁で，ともに黄色をしている．そして坂本付近ではこの早生種を「坂本キク」と呼んでいる．”と記載している．また，同じ記事の中に，管弁と平弁のキクの花の写真を示している（図21-2A，B）．開花期の違いについては，別の記事で「管弁の坂本キクは10月下旬に開花し，平弁の坂本ギクは11月下旬に開花する」としている（『しがだい：滋賀大学広報誌』，2003）．図に示した管弁と平弁のキクの形の違い，および開花期の違いから，この2つ

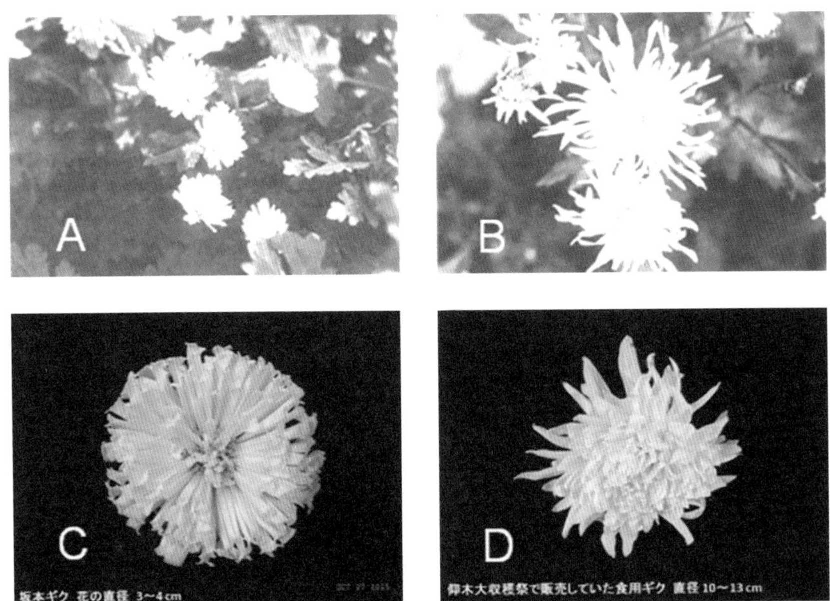

図21-2．各種坂本ギクの外観
A：管弁・早生の坂本ギク（在来種），B：平弁・晩生の坂本ギク，C：管弁・小輪の坂本ギク，近江の伝統野菜認定種，D：平弁・中輪の坂本ギク．
AとBは『滋賀の伝統的食文化図録』（1993）から引用．CとDは筆者原図．Dの花径は11～13cm．

のキクは異なる品種と考えられるが，地元ではともに坂本ギクと呼んで栽培していたことが推定される．先に述べたように，現在は，管弁・小輪の黄ギクが坂本ギクとして普及している．しかし，地元では現在も平弁の坂本ギクが栽培されている．2019年11月中旬に，大津市仰木の里で行われた「仰木大収穫祭」で坂本ギクが販売されていたとして，その写真を龍谷大学の職員の方から見せて頂いた（図21–2D）．その花の形は，木島（1993）が示した平弁の坂本ギクにたいへんよく似ていた．この平弁のキクは，花径が11～13cmの中輪の八重咲きの黄ギクで，花弁（舌状花）にはねじれが見られた．

他方，2007年に出版された『近江の特産物発掘調査報告書』の坂本ギクの項では，大略「坂本菊として坂本一帯で栽培されている食用菊は7種あるが，そのうちの花径約3cmの黄菊で管弁の系統が坂本の在来種で，開花10月下旬～11月上旬である」と記載している．別の報告書の中では，複数種のうちの1種は，青森県の‘阿房宮’が坂本に持ち込まれて栽培が始まり，坂本ギクの仲間に入ったことが記載されている（『坂本が育てた料理菊と文化』，1990）．在来種の坂本ギク以外の数種は同様な経緯を持つものと考えられる．

（5）坂本ギクの呼称の変遷

上述のような栽培の歴史を背景にして，坂本ギクの認識が進化して呼び名が変化してきた．繰り返しになるが，年代による坂本ギクの呼び名の変化をまとめると次のようになる．

坂本地方在来食用ギク：『園芸学会雑誌62（別1）』，1993年
坂本の食用ギク：『滋賀の伝統的食文化図録』，1993年
坂本食用菊：『近江植物歳時記』，1998年
坂本キク：『しがだい：滋賀大学広報誌』，2003年
坂本菊：『近江の特産物発掘調査報告書』，2007年
坂本菊：『食べ伝えよう滋賀の食材』，2012年．

坂本菊（ギク）の名称が使われるようになったのは，2003年以降である．それ以前は，特定の品種（系統）を表す名称ではなく，坂本地域で栽培されている食用ギクを総称していたことが推定される．

(6) 坂本ギクの倍数性

通常，食用ギクを含めた栽培ギクは6倍体であり，染色体数が54である．これを，2n＝6A＝54のように記載する．A＝9が基本数で，この中に含まれる全遺伝子がゲノムを構成する．6倍体の栽培ギクは，野生型の2倍体のキクから進化したものである．食用ギクの中には，‘延命楽’（およびそれから派生した‘もってのほか’，‘かきのもと’）のように7倍体（2n＝7A＝63）のキクや，‘二ツ山一重菊’（仮称，新潟県）のように8倍体（2n＝8A＝72）のキクもある．一般に，倍数性が増すとキクの草姿（および花の直径）が大きくなる．

在来種の坂本ギクは花径が3cm位で極めて小さいので，何倍体のキクであるかが興味深い．1993年に宇野らは，坂本ギクの染色体数を調査して，2n＝54であることを報告している（木島，2012に引用）．しかし，筆者は引用された資料を見ただけで元の文献を見ていないので，調査材料が平弁・中輪・晩生の坂本ギクであったか，管弁・小輪・早生の坂本ギクはであったかは判断できない．両方の坂本ギクの染色体数を知りたいところである．

(7) おわりに

坂本地域では，1990年代の後半には7品種（系統）の食用ギクが坂本ギクの呼称で栽培されていた．その中でも，在来種とみなされる管弁・小輪の早生種（開花開始が10月下旬）と平弁・中輪の晩生種（開花が11月下旬）の2つの系統が区別されていた．現在，「近江の伝統野菜」として認定されている坂本ギクは，管弁・小輪の在来種であるので，伝統野菜として正しい選択と考えられる．しかし，この坂本ギクは，「花が小さく，病気に弱く，加工しにくい」デメリットを持っている（『近江の特産物発掘調査報告書』，2007）．年配の農家の主婦が，花が小さいため，花弁を摘む作業を夜なべ仕事としてすることが大変だったと述懐されている．また在来種は草丈が小さいため，露地栽培では雨が降ると跳ね返りによる土壌細菌の感染がおこり，葉の枯れあがりが急速に進んで開花前に個体の枯死が起こる場合がある．このような栽培者にとってのデメリットが，坂本ギクの栽培が衰退した一因でもあったことが考えられる．

一方，平弁・中輪の坂本ギクが，2019年11月下旬に栽培・販売されていることが明らかになった．販売の時期から晩生と考えられる．このキクは花の直径が11～13cmであり，収量が多い，花弁の摘み取りが容易などのメリットがある．木島（2013）は先にあげた『しがだい：滋賀大学広報誌』の中で“坂本では平弁のキクを本来の坂本キクとして好まれている．また湖西の真野大野にある如意寺では，十二月の月例会にはキクの料理（ユズをかけて食べる）を持ち寄って食べる習慣があるが，ここでは遅咲きの平弁のキクが好まれて栽培されている”と書いている．実際に食材として利用する立場からは，花が小さくて花弁の摘み取りに難儀する管弁・小輪のキクよりは，大型の花が咲く平弁・中輪のキクが扱いやすいであろう．2019年11月に，JAレーク大津グリーンファーム堅田で，地元産の食用ギクが販売されていた．名称は，単に食用ギクのみで，特別な名称で売り出すような品種ではないと思われた．この販売の様子から，大津市では坂本ギクだけが栽培されているわけではなく，現今品種の食用ギクを栽培している農家があり，また購入する市民もいることがわかる．季節感のある野菜として食用ギクの需要もあることから，生産者としては伝統野菜だけにとらわれることなく食用ギクの栽培を考えることも必要と思われる．管弁・小輪の坂本ギクにこだわらず，平弁・中輪のもう一つの「坂本ギク」の栽培・販売の可能性を考えてもよいと思われる．平弁・中輪の「坂本ギク」の開花期は，管弁・小輪の坂本ギクの開花期の1か月後であり，2つの坂本ギクを栽培することにより収穫・販売期間を2倍に伸ばすこともできる．ただし，平弁・中輪のキクを坂本ギクとして市販するには無理があると思われるので，別な名称を創出することが必要であろう．

22 イザベラ・バードの日本旅行記と坂本ギク

イザベラ・バードの日本旅行記では，明治11（1878）年の6月10日に東京を出発して，8月7日に青森に至るまでの道中で見聞したり食べたりした野菜が記録されている．明治初期に，関東および東北地方で栽培されていた野菜（作物）を知るうえで貴重な資料とみなされる．しかし，筆者の知るところでは，紀行文中の野菜（作物）に焦点をあてた議論や報告は見当たらない．本稿では，紀行文中に記載された「食用ギク」がどのような品種であったかについて考察した．

参照した翻訳書は，『完訳日本奥地紀行』（第1，2，4巻，金坂清則訳注，平凡社，2012年）である．食用ギクは，紀行文中では2か所で触れられている．初めは，6月27日に，福島県南西部の会津・田島（現南会津郡南会津町）の路傍でみたと思われる，小麦，大麦，粟などの15種の作物（ただし豆類は複数種，藍など工芸作物も含む）をあげたのち，“……黄色の小さな菊［食用菊］が植えられた一画も頻繁に見かける．その花弁だけを軽く茹でたものに酢をつけ珍味として食べるのである”と書いている（前掲書1，第15報（結）高度な農業，p.218）．さらに，「食べ物（食べ物と料理に関する覚書）」（前掲書2，第21報店屋，p.60）では，国内で栽培されている野菜（作物）の種類として，大根や蕎麦，玉蜀黍（とうもろこし）などに，豌豆の他に14種の豆類も加えて50種があげられている（イネは記載されていないがこれも加えると51種）．この中には，薇（ぜんまい）や蕨（わらび），杉菜（土筆，つくし）などの山菜も含めている．そして，この51種の中に食用菊が含まれている．訳注者の金坂清則氏は，食用菊に，「原文は“yellow chrysanthemum blossoms”で，直訳すれば黄色い菊だが，食用菊のこと（第15報参照）」（前掲書2，訳注（食べ物）p.286）と注釈している．

わが国における食用ギクの成立について次のような史・資料がある．『延喜式』（927年）に甲斐および近江，下野，若狭，阿波の国から，黄菊が朝廷に献上されたことが記載されている（『日本の野菜文化史事典』，2013）．日本最古の農書とされている『清良記第7巻・新民鑑月集』（1528年）にはキクは，

“百姓は花見ることは無益”であるとして食用として記されている．『重修本草綱目啓蒙』［小野蘭山，天保15（1844）年］には，“キクには薬食用と観賞用とあり，薬用と食用は甘菊で和名アマギクは料理ギクともいい，本邦のアマギクは皆黄ギクで，……”と書かれてある．さらに，時代が降って「大正末期には東京の南葛飾郡小松川，南足立郡梅島村，長野県上高井郡綿内村，青森県八戸町に産地ができていた」（『下川蔬菜園芸上巻』，1926）ことが記されている．まとめると，食用ギクの成立の経緯と歴史については，次のように考えられている（『日本の野菜文化史事典』，2013）．“食用ギクの誕生はキクの栽培が大衆化された後で，それほど古いことではない．平安時代のキクは貴族社会や神社仏閣で栽培された程度で，江戸時代になって戦乱が治まると庶民の間で広く栽培されるようになった．……キクの花の食用化は，おそらく京都を中心にした関西地域で始まった．”

現今，食用ギク（ツマギクを除く料理ギク）の商業生産は東北地方の山形，青森，秋田，岩手の4県と新潟県，沖縄県に限られている．しかし，上記の国内における食用ギクの栽培を考えると，明治11（1878）年の時点で，現福島県南会津町（田島）地方で食用ギクが栽培されていたことは十分に考えられる．

しかし，先にあげた“…黄色の小さな菊［食用菊］が植えられた一画も頻繁に見かける．その花弁だけを軽く茹でたものに酢をつけ珍味として食べるのである”の文章は，現地で実際に咲いている食用ギクを見て記したものとは，以下の理由から考えられない．

(1) 季節が6月下旬で，キクの開花時期ではない．食用ギクは，観賞ギクの中から「苦みがなく，味や香りが優れ，収量が多い」などの性質を持つキクが選抜されて成立したものである．開花習性は観賞ギクと変わらない．キクは一般に短日植物であり，8月～9月の短日条件で花芽形成が誘導され，10～11月に開花する（秋ギク）．他方，山形県山形市に‘蔵王菊’，秋田県湯沢市に‘湯沢菊’が在来の食用ギクとして伝わっている．両者は夏ギクとして知られ，開花期は‘蔵王菊’は7月上旬から秋まで，‘湯沢菊’の開花期は7月中旬から10月までである（『北国の野菜風土誌』，1976）．さらに，現今，8月以前に開花が始まる食用ギク品種（夏ギク：‘晩菊’や‘岩風’）（『食用菊大図鑑』，2012）もあるが，これらは出荷時期を早めるために開発された品種である．明治初期の食用ギクは，育種の手が加えられていない秋ギクが主であっと考えてよい．当時，奥会津地方に夏ギクがあったとしても，同地は平地の標高が500mほどで冷涼，豪雪地帯で雪解けが遅いことを考えると，キクは通常は花芽誘導から開花まで通常2ヶ月かかるので，6月下旬の開花は考えられない．

(2) 紀行文の前後から読み取ると，当時の衣食住は相当に貧しい．イザベラ・バードが泊まった宿屋で出される食事は，良くてもご飯，塩魚，漬物，味噌汁の一汁二菜である．一般の農民の食事はこれ以下であったろうと推定される．したがって，同地の農民には，庭先で食用ギクを栽培して，「酢をつけて（膾として）食し，珍味として味わう」生活の余裕があったかどうか疑問である．

それでは，紀行文に記載された“……黄色の小さな菊［食用菊］が植えられた一画も頻繁に見かける．その花弁だけを軽く茹でたものに酢をつけ珍味として食べるのである”はどういうことであろうか．筆者は2015年から，大津市の坂本地区に在来種として伝わる‘坂本ギク’の調査・研究に携わってきた（本書，「21．坂本ギク」）．そのため，イザベラ・バードの紀行文を読んだときに，会津・田島の食用ギクの記載は，‘坂本ギク’を念頭においた文章ではないかと気がついた．

‘坂本ギク’は「近江の伝統野菜」の1つに認定され（滋賀県，2018年）ていて，大津市の坂本地区（比叡山の麓にあり日吉大社の門前町である）の特産で江戸時代初期にはすでに栽培されていたとされる．このキクの開花は，10月下旬ころから始まり約1か月続く．黄菊で花の直径が3cm程度である．現今の大部分の食用ギクは，花の直径が9～18cmの中輪ギクである．‘坂本ギク’は紀行文に記載の「小さい黄菊」に一致している．

‘坂本ギク’は，元禄3（1690）年に近江・堅田に滞在していた松尾芭蕉によって「蝶も来て酢を吸ふ菊の鱠哉」の句が詠まれている．紀行文中の“軽く茹でて酢をつけて珍味として食べる”ことは，坂本ギクの膾そのものである．この句からこの時期に関西地方でキクの花を膾などにして食べていたことがうかがえる．また，この句は，‘坂本ギク’に他の食用ギクから区別するストーリーを与えて普及に一役買ってきた．

図22-1. 大津市坂本・西教寺でふるまわれる‘坂本ギク’づくしの「菊御膳」（2016年11月）

それでは，食用ギクをこのように料理して食することを，バードはどのようにして知ったのだろうか．バードは，11月初旬に伊勢を旅行しその帰途で，11月14日に土山宿を出発し大津宿に到着して一泊している．11月14日は，たまたま大津祭の日で盛大な曳山を見ることができた．以下に，『完訳日本奥地紀行』（前掲書第4巻，第57報，琵琶湖，p.146，148–149）の該当部文を引用する．

“……瀬田川を渡って石山の名所を再訪した後に，暗くなってから通りがだらだらと続く大津に到着した．……幸運に恵まれ，四宮の神［四宮神社］の年に一度の大きな〈祭〉［大津祭］に出くわした……．（宿は）二食付きで食べ放題・飲み放題だった．私たちは腐肉のような風味の（生臭い？）鰹の切り身［鰹のたたき］の夕食を大急ぎでとるや，外に飛び出し群衆に混じって，まさに刻一刻変化していく光景を眺めながら夜を過ごした”．

大津は内陸にあり，鰹のような生魚は県外から輸送されてくるため，普段はなかなか食卓には上がらなかったと考えられる．しかし，この日は大きな祭の夜で，特別なご馳走（晴れの食事）が出たかもしれない．そして副惣菜として，時節がら‘坂本ギク’の膾が出たことが考えられる．

バードによる食用ギクの記述は，旅の途中ではなく，旅が終わった後で紀行文を推敲した際に書き加えたものと推定される．もちろん現時点では，この推論は具体的な証拠があるわけではない．しかし，奥会津地方の冷涼で梅雨時の長雨が続き，キクが咲いているわけでもない6月下旬に，秋の代表的な花である食用ギクの栽培とその優雅な食べ方を記載するのは極めて唐突である．この記載は，旅行先での実際の見聞にもとづくものではなく，旅先とは別の時期・場所での体験がもとになって，後から加えられたことが推定される．

23 日本奥地旅行でイザベラ・バードが食べた野菜：キュウリ

(1) はじめに

イザベラ・バードの日本旅行記には，明治11（1878）年の6月中旬に東京を出発してから青森に着いた8月初旬まで2ヵ月にわたる旅の途中で見聞したり食べたりした野菜が記録されている．本書ではすでに，食用ギクについて考察した．本項では，バードが頻繁に食べたキュウリについて紀行中の記載を調査し考察した．日本旅行記にはキュウリが頻繁に出てくるが，明治初期の7月頃に手軽に食べられる野菜であった．紀行文ではキュウリと大雑把に書いているだけで，その果実の特徴までは書かれていないので，品種としての特徴はわからない．もし，明治11年当時の品種が今でも残っているとしたら，それらは在来野菜（伝統野菜）とみなされる．そこで，バードが旅した地域で，在来野菜や伝統野菜とされているキュウリ品種も調べた．バードは，旅の途中で食べた食事については，ご飯や味噌汁，漬物については全く評価していない（まずい）が，キュウリは大いに評価しおいしいと書いている．

(2)『日本奥地紀行』の中の野菜

参照した訳書は，『完訳日本奥地紀行』（第1，2巻，金坂清則訳注，平凡社，2012年）である．明治11（1878）年当時に国内で栽培されていた野菜（作物）が覚書（前掲書第2巻，第21報店屋，食べ物（食べ物と料理に関する覚書）p.60）としてまとめられている．それによると，大根や蕎麦，玉蜀黍（とうもろこし）などに加えて豌豆を含む15種の豆類など，あわせて50種があげられている（イネは記載されていないがこれも加えると51種）．この中には，薇（ぜんまい）や蕨（わらび），杉菜（土筆，つくし）など山菜も含めている．

紀行文中，旅の途中で見聞したと思われる野菜（作物）をまとめてあげている箇所がさらに3か所ある．初めは，6月27日，会津・田島を通った時に見た作物の様子である（前掲書第1巻，第15報（結）高度な農業，p. 218）．ここでは，合計18種の作物をあげているが，上の「覚書」に書かれていない，小麦，大麦，粟，麻，赤蕪，藍，胡麻，朝鮮人参があげられている．朝鮮人参は，江戸期に栽培が始まった会津地方の特産品である．

さらに，2つめの記載では，7月10日に新潟を出発して黒川宿に行く途中の砂丘地帯の畑で栽培されていた野菜（作物）10種をあげている（前掲書第2巻，第22報苦痛の種，p.70）．ここで，目新しい作物として茶があがっている．最後に，7月14日に山形県・置賜地方の小松宿から上山宿に向かう途中の米沢盆地で栽培されていた野菜（作物）を記している．ここでは，10種の作物（野菜）をあげているが，新しく綿と煙草をあげている．紀行文中の4か所であげられている作物（穀物と野菜，工芸作物）59種，さらに他の箇所で蒟蒻をあげているので，合計60種に達している．この60種が多いか少ないかということが問題になる．イザベラ・バードが旅の途中で滞在した新潟に隣接する，江戸時代の新発田藩領で作成された農書『北越新発田領農業年中行事』［文政11（1830）年］には，当地で栽培されている畑作物として61種があげられている．したがって，イザベラ・バードがあげた作物（野菜）は当時の越後を含む北陸・関東・東北地方で栽培されていた大方の野菜を含んでいるとみなされる．

(3) イザベラ・バードがたくさん食べた野菜は「キュウリ」

栽培作物をまとめた4か所の記載のいずれにも胡瓜（キュウリ）が含まれている．また，新潟滞在中（7月9日）に，“果物屋［青物屋・八百屋］で蕪や人参，胡瓜，大豆などの豆類が売られていた”ことを書き，続けて“胡瓜の消費量の多さにはちょっとびっくりする．男も女も子供もだれもが胡瓜を好んで食べる．日に3，4本を全く平気で食べる—4銭も出せばかなり大きな籠にいっぱい買えるのである—”と書いている（前掲書第2巻，第21報店屋，p.52）．

さらに，7月10日の黒川宿に着いた後の食事の様子を次のように書いている．“ご飯もなかった．それで，私は胡瓜を腹いっぱい食べた．おいしいご馳走だった．こんなに胡瓜を食べるところはこの地方が初めてだった．子供たちは日がな一日かじっているし，赤ん坊さえも母親におんぶされながら飽くことなくむしゃぶりついている．今は1ダース［12本］が［たった］1銭で売られている．”（前掲書第2巻，第22報苦痛の種，p.72）．この他にも，キュウリを食べたことが随所に出てくる．以下のようである．

6月26日，川島宿（現福島県南会津町）の夕食．“米もなければ醤油もなかった．……私が食べられるものは黒豆と胡瓜の煮物だけだった”．

7月16日，新庄（山形県北部最上地方）の宿．“(夜) 複数の鼠が私の編み上げ靴をかじったり，私が食べる胡瓜を持って逃げて行ったりした”．

7月20日，山形県最上地方，神宮寺の宿の夕食．“玉子もなく，あるのはご飯と胡瓜だけだった”．

7月22日，久保田（秋田）．“おいしい牛のステーキやすばらしい味のカレー，胡瓜そして西洋の塩と辛子を一度に手に入れることができ，……”．

8月2日，碇ヶ関（青森県）．“旅程が大幅に遅れたため，……外国製の食糧が底をついてしまったので，ここではご飯と胡瓜と塩鮭だけの食事になっている”．

(4) イザベラ・バードが食べたキュウリは，現在も在来品種（伝統野菜）として残っているだろうか？

バードが旅の途中で食べたキュウリの品種あるいはその後代種が今も残っているだろうか？バードの旅行は明治11（1878）年で，今から120年以上も前の話である．もしその時に食べたキュウリ品種やその後代品種が残っているとしたら，そのキュウリは在来野菜とみなされるので大変興味深い．このような視点から旅行経路に沿った各県の，キュウリの在来品種を調べてみた．在来品種と歴史（成立の経緯）を以下にまとめたが，山形県の日本海に面した庄内地方は，バードの旅行の経路から外れているので省略した．

①福島県

‘会津葉込胡瓜’：会津若松市を中心に作られていた，新潟県の刈羽系のキュウリ．早生系で煮食に適するとされ，川島宿で食べた可能性がある．

②新潟県

現在，在来野菜のキュウリは見つからない．しかし，前掲の『北越新発田領農業年中行事』（文政13年）に，「瓜の事（瓜類の作り方)」に，胡瓜，白瓜，甜瓜，があげられている．江戸時代のキュウリは残っていない．

③山形県

‘畔藤（くろふじ）きゅうり’：山形県白鷹町畔藤で作られていた在来品種．現在，置賜地方の伝統野菜として認定．支那三尺系の長胡瓜．明治以前に同地に導入されたと伝えられてきた．

‘南館胡瓜’：山形市南館堀込（村山地方）で以前に作られていた．刈羽胡瓜と同じ華北系．果実は楕円形で緑色は比較的うすく，尻部は乳白色をしている．漬物用に向いている．(『北国の野菜風土誌』，1976)

‘勘次郎胡瓜’：真室川町（最上地方）の在来種，華南系品種．若い果実は緑白色，可食期になると黄白色になる．果実は20 cm前後で収穫．100年以上前(2010年時点）に鮭川村から真室川町に伝えられた．

‘今朝治郎胡瓜’：真室川町鏡沢（最上地方)，果実は短めで太く，濃緑色で白い縦すじが入る．来歴不明．

④秋田県

‘小様きゅうり’：北秋田市小様．果実の切り口が三角形．水分多いがやや苦みがある．阿仁鉱山の労働者の水分補給に利用され市日などで販売されてきた歴史を持つ．一度途絶えたが，平成23年から復活している．

華南系と華北系のキュウリの違いは，前者は春キュウリ型［短日条件・低夜温で雌花ができやすく（実が着きやすい)]，後者は夏キュウリ型（長日条件・温暖な夜温でも雌花が着きやすい）である．春の遅い東北，北陸地方では雪が消える4月過ぎに種まきが行われるので，華北系品種の方が実が着きやすい．したがって，6月下旬以降に食された会津地方，新潟県北部，山形県置賜・村山・最上地方のキュウリは主に華北系品種であったことが推定される．バードの旅行経路に沿っていくつかの在来キュウリ品種が残っているが，旅行の際に食されたキュウリと関連があるかどうかは現時点では不明である．これらのキュウリ品種が，実際に明治初期に存在した品種あるいはその後代種であるかどうかの検討は今後の課題として大変興味深い．

図23-1. 明治時代初期のキュウリ
A：『舶来穀菜要覧』明治18（1885）年，B：『穀菜弁覧．初篇』明治22（1889）年．
国立国会図書館デジタルコレクションより引用．

24 イザベラ・バードの日本旅行記に記載されたユリの種類

先にイザベラ・バードの日本旅行記に述べられた食用ギク（黄ギク）とキュウリについて述べた．ここではこの紀行に書かれたユリの素性について考察する．紀行文中にはユリについての記載が4か所出てくる．特定種のユリは3種あげられているが，後述する翻訳書では，2種は‘オニユリ’と‘シロカノコユリ’とされ，残りの1種は特定されていない．本項では，栽培地（採取地）と開花時期を考慮して，この3種のユリの種名を再考した．参照した翻訳書は，『完訳日本奥地紀行』（第1，2巻，金坂清則訳注，平凡社，2012年）である．

序章で「豊かな植物相」として日本の植生を述べているが，“また，珍しい花木や華麗な百合の仲間に混じって，……私たちにはなじみの花も多く，旅人の目を楽しませてくれる”（前掲書1巻，序章，p.34）と書いている．記載された「百合」は一般的にユリを指摘したものと考えられる．現今の，多様なユリの栽培品種は，主に日本の固有種がヨーロッパに持ち出されて育種親になって作られたものである．この視点からは，日本の代表的な野草としてユリを指摘していることは適切な評価である．

次のユリの記載は，日本の「食べ物と料理に関する覚書」のなかで，“鬼百合と白鹿の子百合の球根［百合根］を栽培して食べる”としてでてくる（前掲書1巻，第21報食べ物，p.60）．ここで初めて，‘オニユリ’と‘シロカノコユリ（シラタマユリ）’の2つのユリの種名がでてくる．ユリの種名については，訳注者が詳しく注釈している．長いが全文を引用する．

“原文はtiger and white lilyで，前者は鱗茎を食用にする鬼百合，後者は多数の斑点があるものの，色は白く，本州中部以北の低山に一般的に生えるもので山百合の可能性が高いが，花に斑点がなく純白であるという点では白玉（翁）百合の可能性もある．鱗茎は何れも食用になり百合根という”．

これから，原文中のwhite lilyは‘ヤマユリ’か‘シロカノコユリ’のいずれかの可能性があるが，‘シロカノコユリ’を採用したことが読み取れる．‘シロカノコユリ’は，“四国及ビ九州ニ生ズル多年生草本”（『牧野日本植物図鑑』，1940）である‘カノコユリ’の変種である．個体数としては‘カノコユリ’が‘シロカノコユリ'よりも圧倒的に多く生えていたと考えられる．現在，'カノコユリ'は福岡県，長崎県，鹿児島県のそれぞれ1市で市の花に指定されている．また，'シロカノコユリ'は甑島列島にあった鹿島村（現薩摩川内市）の村の花であった．大正時代末に出版された『下川蔬菜園芸中巻』では，食用百合と花百合を区別していて，'カノコユリ'は花百合に分類されている．したがって，明治期あるいはそれ以前に，'カノコユリ'（およびその変異種の'シロカノコユリ'）が食用ユリとして利用されていたかどうかは疑問がある．

'カノコユリ'と'シロカノコユリ'はともに，明治時代初期には東北地方とは無縁の花であったと考えられる．ヤマユリの現今の英名は，Golden-banded lily（別名Golden-rayed lily，Gold band lily，古くはJapan lily）（嶋田，2006）である．ヤマユリが英国に持ち込まれ，J. Lindleyによって学名が付けられたのは1862年で，イザベラ・バードの日本旅行の16年前である．現今のヤマユリの英名がこの頃に，確定していたか否かは不明である．イザベラ・バードは，旅行中に実見した大型で白いユリの花の印象が鮮明に残り，紀行文の執筆や校正に当って花の色のみから推定してwhite lilyの語を使ったのではないだろうか．

6月27日に奥会津地方の田島宿を出て，長野（地名）を過ぎたあたりで，周辺の田畑で栽培されている農作物の種類が多様になってきたこと書いている．ここで，16種の作物をあげているがそのうちの1つが「鬼百合」である（前掲書1巻，第15報（結）高度な農業，p.218)．訳注者の金坂は，"鬼百合は鱗茎が食用になるが，栽培植物ではない"と注釈している．しかし，先にあげた『下川蔬菜園芸中巻』(1926）では，ユリは食用作物として扱われて'オニユリ'も含まれている．大正期（およびそれ以前）には，ユリは百合根生産のために栽培されていた．多様な品種が開発されて，ユリが主要な観賞用花きの1つになったのは，昭和時代以降である．

バードは，7月10日にも新潟から黒川宿に旅する途中で栽培されている'オニユリ'（英語ではtiger lily）をみている．以下の文章に記載されている（前掲書2巻，第22苦痛の種，p.70)．"しかし，砂丘と砂丘の間の砂地では，胡瓜，西瓜，南瓜……鬼百合，……などの作物が見事に栽培されていた"．'オニユリ'の開花時期は7～8月なので，7月10日に見たという記載は開花時期に合っている．また，'オニユリ'は「アジア大陸に広く分布し中国では古くから食用として栽培されていた．日本では自生種または中国からの渡来種とされていて，江戸時代に主に本種（巻丹）が食用として栽培された」（『日本の野菜文化史事典』，2013）という記載とも一致する．

他方，バードは7月27日に，秋田県北地方の豊岡宿を出発して当日の宿泊地である小繋宿に至るまでの間に，ユリを手折っていたことが，次のように書かれている（前掲書2巻，第31報危機一髪，p.186）．“この日［7月27日］の旅の唯一の掘り出し物であった一本のすばらしいユリを宿の主人にあげたところ，その花は［翌］朝には〈神棚〉にある絶品の薩摩焼の小さな花瓶で咲いていた”．このユリはどんなユリであったろうか．7月27日という時期を考えると，秋田県の県北地方の山野で咲いていたユリとして，‘ヤマユリ’と‘ミチノクヒメユリ’などが考えられる．先に書いたように，ここは‘シロカノコユリ’の自生地ではない．開花時期は，‘ヤマユリ’は7月下旬から1か月位，‘ミチノクヒメユリ’は6月下旬から1か月位である．バードが手折ったユリは，7月27日の日付からは‘ヤマユリ’の可能性が高い．また，‘ミチノクヒメユリ’の花は朱赤色で小ぶりである．この花は一本だけで見るよりは，何本かまとめて花束として見る方が見ごたえがある．これらの点から，バードが宿の主人に持って行ったユリは‘ヤマユリ’であったと推定される．

ヤマユリ

オニユリ

図24-1. ヤマユリとオニユリ

筆者は，バードが「食べ物と料理に関する覚書」のなかで，‘tiger and white lily’をあげた際，新潟地方でみた‘オニユリ’と秋田地方でみた‘ヤマユリ’が念頭にあったのではないかと推測している．バードが日本に滞在した際に，‘シロカノコユリ’を実際に見た記録は今のところない．しかし，バードが紀行文執筆の過程で，‘シロカノコユリ’の文献資料を読んで知識を得た可能性は否定できない．今回の筆者の推論は，根拠が薄弱という非難は当然なされるだろうが，バードの日本の旅行記を正しく理解するための考察として意義があると考えている．

25 近畿地方に自生するヤマユリの起源

(1) 国内のヤマユリ自生地

ヤマユリ自生地の国内の分布について，いくつかの異なった記載がみられる．それらを大きく分けると，自生地に近畿地方を含めない記載と，含めている記載の2とおりがある．前者の例として，“本州中部幷ニ以北ノ山地ニ生ジ……‘(『牧野日本植物図鑑』，1940）や“本州中部から東北地方に分布し……九州，四国，北海道にも自生しているがこれらは国内帰化植物であり，栽培品が野生化（逸出）したもの……”（小野澤修，2013）があげられる．他方，後者には“本州近畿以北の山地に生え，また各地で広く栽培される”（『図説花と樹の大事典』，1996）や“本州の近畿以北に野生し，現在は九州から北海道まで広がっている”（『日本の野菜文化史事典』，2013），“北陸地方を除く本州の近畿地方以北の山地に分布し山地，山野の林縁や草地に自生する”（フリー百科事典『ウィキペディア』，2020）がある．様々な資料や実地検分によって調査したヤマユリの分布を，市町村名をあげて図25-1および図25-2にまとめた．図には東日本にヤマユリ，西日本にササユリが大きく分かれて分布していることも示してある．この図から，近畿地方には滋賀県および大阪府，奈良県，三重県にヤマユリの自生地があることがわかる．また，北陸地方の石川県にも自生地がある．

‘ヤマユリ’が和名として使われるようになったのは，明治の半ば過ぎであるとされる（『図説花と樹の大事典』，1996）．これ以前には，主に自生地の地名を冠して，叡山ゆりや鳳来寺ゆり，吉野ゆりなどと呼ばれてきた．また，ヤマユリ球根を食用にしたことから，料理ゆりとも呼ばれてきた（牧野，1981；『図説花と樹の大事典』，1996）．食用としての利用は，“我国ではユリ類は花を観賞用に供すると共に，根を救荒食用にしたが，また珍味としても賞用され……”（『資源植物事典　増補改訂版』，1957）や“ヤマユリの球根は，食用として上乗なものである．ゆえに古より，料理ユリの名がある（牧野，1981）”の記載もある．大正期末に出版された『下川蔬菜園芸　中巻』（1926）には，ヤマユリはオニユリやササユリとともに根菜類として扱われている．またこの

図25-1. ヤマユリの生育地

本では，食用ユリの解説の後に付録として花百合（テッポウユリやカノコユリなど）が解説されている．この解説では，ヤマユリは“鱗茎を煮食するを持って主となす．……此百合は花の大なる為め，花卉としても貴ばれ，外国へ輸出する百合の二割を占むる有様なり”と述べ，当時の国内では食用として扱われていたヤマユリが，海外には観賞用花きとして多量に輸出されていることに驚いている．

図25-1，25-2に示された北陸，近畿，伊勢地方に自生するヤマユリの分布の特徴は，自生地が広範囲に拡がっているのではなく，狭い地域に分布していることである．いわば，面ではなく点として自生地が存在している，あるいは隔離されて自生しているといえる．近畿地方を主とする西日本で自生地が狭い範囲に点状に分布する理由は，ヤマユリが関東地方や東北地方，新潟県以北の日本海側地方から西日本各地に持ち込まれて自生するようになった「国内帰化植物」であるためと推定される．この推定の真偽を検討するため，各地の伝承，史・資料の吟味，遺伝学的な近縁関係の解析を行って調査した．

(2) 各地に自生するヤマユリの伝承と史・資料の吟味

図25-1，25-2に示した九州，北陸，近畿地方の各地に自生しているヤマユリについて，それぞれの伝承と史・資料の収集を行い起源について吟味した．また現在は絶滅した旧朽木村（滋賀県）のヤマユリおよび旧芸濃町（三重県）のヤマユリ，多武峰ユリ（奈良県）もとりあげた．エイザンユリについては，DNAマーカーを使って遺伝的近縁性の調査を行い，東日本に自生するヤマユリと比較した．

(2.1) 箱根ユリ（ハコネユリ）

ハコネユリは，大分県竹田市に自生するヤマユリで，箱根ユリまたは白ユリと呼ばれてきた．このヤマユリの来歴について，竹田市のホームページに次のように紹介されている．「岡藩4代藩主中川久恒公が寛文年間（1661～1672年）に参勤交代の際，家臣に命じて花の観賞と飢きん時の非常食として利用するため箱根付近から持ち帰ったと伝えられている．8代藩主中川久貞公は深くこの花を賞玩したと伝えられ，以後竹田地方に広く分布するようになった．昭和30年代に岡城跡へ箱根ユリを移植し保護していたが，イノシシによる食害のため消滅した．平成22年と23年に箱根町から球根の寄贈を受け，岡城跡に箱根ユリを再度移植した」．この記載から，箱根から竹田地方にヤマユリが伝来した年代は1600年代の半ばで，今から350年ほど前である．江戸時代前期から昭和30年ころまでに自生していたヤマユリは，国内帰化植物とみなされる．

(2.2) 石動山ユリ（イスルギヤマユリ）

北陸地方にはヤマユリの自生地はないとされてきたが，実際には石動山（いするぎやま，せきどうさん）に自生している．石動山は山頂（564m）が石川県中能登町に位置し，山中に坊院を構えた天平寺が中世に加賀，能登，越中の山岳信仰の拠点霊場として栄えた．現在，石動山ユリは中能登町の町の花に指定されている（2007年3月）．石動山ユリは，中世（1300年代）に天平寺の修験者が越後から石動山に持ち帰ったヤマユリが祖先種になったと伝えられている（中能登町ホームページ）．現在でも新潟地方は7月下旬から8月上旬に，野生のヤマユリの開花が数多く見られる．中世の頃は現在よりもヤマユリの個体数が多く，開花個体の地面を掘れば容易に球根が得られたであろう．ヤマユリの球根は開花期頃のものが美味とされる．ヤマユリの球根は生の状態では少し苦みがある．しかし，球根を焚火中の灰に埋めて加熱すれば，苦みが消えるのでおいしく食べることができる．修験者は，霊場をめぐる修業中に，野山のヤマユリを堀上げ，食用として持ち歩いたのではないだろうか．食べ残された球根が寺院・霊場の周囲に捨てられたり植えられたりして定着し，ヤマユリの自生が始まったのであろう．

石動山ユリの自生地の規模は小さかった．2013年夏には山岳信仰の拠点だった大宮坊を中心にした半径300m内に5カ所（計約350m^2）あったが，このうち3カ所（計約200m^2）が，イノシシに荒らされ200株が全滅したことが伝えられた（北國新聞，2013）．

(2.3) 叡山ユリ（エイザンユリ）

エイザンユリは，京都府京都市北東部と滋賀県大津市西部にまたがってそびえる比叡山（標高848m）に自生していたヤマユリである．“大正から昭和初期にかけて，大原女が頭に柴をのせ，上にエイザンユリをさして京の町を歩く姿をよく見受けた”との記載がある（『京都府草本誌』，1962）．また，比叡山の北にある比良山山麓の旧朽木村（現高島市，2005年合併）では，ヤマユリを村の花に指定していた．エイザンユリは，1962年に最後の標本が採取された後，自生の情報が途絶えた．このため，京都府では2000年代初めに絶滅種に指定された（京都府レッドデータブック，2002）．同じころ，滋賀県でも絶滅種に指定された．ところが2012年7月末に，比叡山無動寺谷で開花中の「エイザンユリ」が発見され（土屋，2020），今までに8個体が確認されている．この発見は，比叡山の滋賀県側でなされたので「滋賀県で大切にすべき野生生物（滋賀県版レッドデータブック，2011)」ではヤマユリは「要注目種」の扱いに変わった．他方，京都府は現在でも絶滅種として扱い，“最近，滋賀県側の僧坊の石垣に生育しているものが発見され，僧によれば「昔からあった」という．比叡山個体群は，栽培で現存している可能性がある”（京都府レッドデータブック，2015）としている．「エイザンユリ」は，標高555mの比叡山東塔無動寺の人の手や鹿が届かない石垣に生えていた個体が発見された（土屋，2020）もので，昨今の園芸ブームにのって大津市内などの町場から移植された園芸種のヤマユリではないと考えられる．無動寺明王院は天台修験の道場であり，古くから修験者が出入りしていた．エイザンユリの祖先種も，上に述べた石動山ユリと同じように，修験者が回峰修業中の食糧として持ち歩いたヤマユリ球根に由来する可能性が考えられる．

新潟県新発田市に文治元（1185）年に開山されたと伝えられる菅谷寺（かんこくじ）がある．この寺の本尊の不動明王は，比叡山で修行中の護念上人が比叡山を下りる際に持参した，無動寺に祀られていた不動明王の「御頭」に由来すると伝えられている（新発田市観光協会ホームページ）．無動寺と北越後の菅谷寺の因縁が推定され，エイザンユリが北越に由来する可能性も考えられる．

ごく最近，山本ら（2019）は，葉緑体DNAのSSRマーカーを用いて，ヤマユリ野生集団の遺伝的多様性を解析した．供試材料は，秋田県男鹿市を北限，滋賀県大津市を南限にして，東北，関東，中部，北越（新潟県），東海，近畿地方の19集団235個体が用いられた．大津の集団は，エイザンユリの8個体（無動寺で2017年秋に採集した種子を発芽させた個体）であった．結果は，ヤマユリ集団は，大津の集団を除いた静岡以西のグループと，東北・関東のグループに分けられた．大津の集団は東北・関東のグループに近縁であった．これらの結果から，エイザンユリは関東地方から東海地方を西進してきたヤマユリ集団が最終的に比叡山に到達したものではなく，関東・東北のグループに含まれるヤマユリが，東海地方を飛び越えて比叡山に到達したことが推定された．この伝搬には，修験者などによる人為的な運搬が関わっていたことが推定されよう．

愛知県の奥三河地方に自生する鳳来寺ユリ（ホウライジユリ）の祖先種も，修験道の行者による伝達の可能性が考えられる．鳳来寺（愛知県新城市角谷鳳来寺）は，鳳来寺山（標高695m）に広大な寺域を占める寺院で，開山［大宝3（703）年］以前から山岳修験道の霊場であったとされている．したがってこの寺院および周辺に，修験者によって関東・東北からヤマユリが持ち込まれた可能性が考えられる．また，奈良県吉野町の吉野山にある金峯山寺は修験道の本山であり，古代から山岳信仰の聖地として平安時代以降は霊場として，多くの修験者が出入りしてきた．奈良県の吉野地方に自生する吉野ユリ（ヨシノユリ）も中世に修験者が持ち込んだヤマユリが逸出して自生するようになった可能性が考えられる．ヨシノユリの起源については，次節で述べる別の歴史上のできごとの関与も考えられる．

(2.4) 大阪府・南河内地域のヤマユリ

大阪府南河内地域の河内長野市と赤坂千早村，および大阪府と奈良県の県境に位置する金剛山と大和葛城山の比較的広い地域にヤマユリが自生している．赤坂千早村では，村の花に指定されている．この地域のヤマユリには，地域名など固有の名称を冠したものは特にないようである．金剛山には奈良時代に役小角が開創したと伝えられる転法輪寺（金剛山寺）があり，その後葛城修験道の根本道場として栄えた．したがって，南河内地域に自生するヤマユリも，修験者によって東海・関東地方から転法輪寺に持ち込まれ，逸出・定着したヤマユリが祖先種になった可能性が考えられる．しかし，この寺院の子院（石寺，朝原寺など）は金剛山東側の大和側にあり，大和側が栄えていたと考えられる．ヤマユリの自生地が多い大阪・南河内地域は，大和側から見れば金剛山の裏側である．

ヤマユリが南河内地域に持ち込まれた経緯には，修験道の行者による持ち込みとは異なる，歴史上のできごとが関係していたかもしれない．その可能性が最も大きかったできごととして，1331年夏に起こった元弘の変があげられる．同年8月に後醍醐天皇が鎌倉幕府に叛旗を翻した直後，楠正成と護良親王は南河内・赤坂城に立て籠もった．これに対して，鎌倉幕府軍は10,000人規模の軍勢（フリー百科事典『ウィキペディア』，赤坂城の戦い）を討伐軍として送り込んだ（『日本の歴史　南北朝の動乱』，1992）．鎌倉幕府軍は，現在の河内長野市，赤坂千早村一帯に布陣したことが知られている．「この時代の軍勢は，兵糧米を現地で調達するのがふつうだった」とされている（前掲書）．後醍醐天皇方が笠置に籠ったのが1331年8月24日，赤坂城の戦が始まったのが9月11日である．この期間のうちに討伐軍が鎌倉を出発し，赤坂城を包囲したことになる．この時期は，イネの収穫期前であり，布陣した後は狭い地域から十分な食料を調達することは難しかったと考えられる．鎌倉を出発する前および移動中の街道筋でヤマユリの球根を堀上げて，携行食・兵糧としたことが考えられよう．この時期のヤマユリは，ちょうど1か月位前に開花して果実（朔果）が生長中であり，他の野草のなかでも目立ちやすい．見つけて，土を掘れば簡単に球根を手に入れられる．以上の考察から，南河内地域のヤマユリの起源として，鎌倉幕府軍によって兵糧として持ち込まれたヤマユリが逸出して祖先種になり，現在は自生するようになったことが推定される．

この後，元弘3（1333）年2月から5月初めまで，上赤坂城と千早城に立て籠もった楠正成軍と，討伐のため派遣された鎌倉幕府軍の戦いがあった．この戦の際の鎌倉幕府軍の軍勢は，25,000人と試算されている（フリー百科事典『ウィキペディア』，千早城の戦い）．元弘の変の時の2.5倍もの軍勢であり，この大群の兵糧をどのように供給したか興味深いが，史料が現存するかどうかは不明である．この戦の際の鎌倉幕府軍も，鎌倉を出発するときに兵糧としてヤマユリ球根を携行してきた可能性が考えられよう．

(2.5) 吉野ユリ（ヨシノユリ）

奈良県南部の吉野郡にヨシノユリと呼ばれるヤマユリが自生している．現在も同郡天川村に自生していることが確認され，また同郡上北山村では村の花に指定されている．吉野町にある金峯山寺は，修験道（金峰山修験本宗）の本山であり，吉野山・大峯山は古代から山岳信仰の聖地として平安時代以降は霊場となってきた．したがって，ヨシノユリの来歴の一つの可能性として，修験者によって携行食として持ち込まれたヤマユリが逸出して祖先種になり，自生するようになったことが考えられる．

前節で述べたが，元弘3（1332）年の2月半ばに，護良親王が蜂起し吉野城に立て籠もり，鎌倉幕府から急派された幕府軍との間に吉野城の攻防戦が行われた．ほぼ同じ時期に南河内の千早城でも，楠正成が籠城して反幕府の戦いを始めている．鎌倉幕府の軍勢の一部は吉野城の戦を戦っている．吉野方面で戦った幕府軍の軍勢が，ヤマユリを兵糧として吉野周辺に持ち込んだ可能性も考えられよう．

(2.6) 伊勢のヤマユリ

三重県松阪市には宇気郷（うきさと，旧嬉野町）と波瀬（はぜ，旧飯高町）の2ヵ所のヤマユリ自生地がある．また，旧芸濃町（現在は津市，2006年合併）は町の花としてヤマユリを指定していた（現在も自生しているかは不明）．松阪市に隣接する奈良県宇陀郡曽爾村にもヤマユリが自生している．これらの自生地の近くには，上で述べたような修験道の行者が出入りした大きな寺院・霊場が見当たらない．それでは，これらの自生地のヤマユリが東日本地域から持ち込まれたと仮定するなら，どのような経緯が考えられるだろうか．この点を歴史上のできごとと関連付けて調べてみると，南北朝時代の初期に，京都奪還のため南進してきた北畠顕家に率いられた南朝軍（主に東北地方の軍勢）が，1338年2月28日に青野が原（現関ケ原）で足利軍と戦い勝利した後，大和方面に進軍する際に伊勢を経由したこととの関連が考えられた．北畠顕家軍は青野が原（現関ケ原）の戦の後，伊勢に向かった．伊勢・田丸（現度会郡玉城町田丸）には，延元元（1336）年に北畠親房によって南朝方の拠点として築城された田丸城があった．田丸から大和方面に向かう街道として伊勢本街道と和歌山街道（これらは江戸時代以降の名称）があった．松阪市宇気郷と奈良県曽爾村は伊勢本街道沿いにあり，他方，松阪市波瀬は和歌山街道（三重県側の呼称，奈良県に入ると伊勢街道）沿いにある．伊勢のヤマユリは，北畠顕家軍が通ったと考えられる街道沿いに点在していることになる．北畠顕家の軍勢は，現福島県の霊山を前年（1337年）の8月11日に出発し，12月24日に鎌倉を制圧して翌年の1月2日に京都に向けて進軍を開始した．霊山を発つときには，時期的に当年の年貢をまだ集めていなかった時期で，十分な兵糧はなかったであろう．北畠顕家軍が西進するときには，食料の調達に困難を極めたことが太平記に書かれている（『日本の歴史　南北朝の動乱』，1992）．鎌倉を発つときには軍勢の兵糧は，鎌倉・関東で携行食を用意し，その中にはヤマユリがあったことが考えられるのではないだろうか．

伊勢に入った北畠顕家軍は，田丸で軍勢を二手に分け，一つの軍は伊勢本街道を進み旧嬉野町宇気郷，奈良県曽爾村辺を通り，他の軍勢は和歌山街道を通って旧飯高町波瀬を通って大和に入ったと考えられる．北畠軍の移動の道筋に，移動中に逸出したヤマユリが定着して，現在まで自生種として残ったことが推定される．

奈良県に多武峰（とうのみね）ユリと呼ばれていたヤマユリがあった．現在は絶滅しているが，“小野蘭山が著した『本草綱目啓蒙』23（1806）百合の条に，「和州談山ニ自生ノ百合アリ．食用ニ良ナリ，故ニ方言料理ユリト云．即芳野ユリナリ．（以下略）“と記載されている（嶋田，『跡見群芳譜』，2006から引用）．多武峰は奈良県桜井市南部にある山で，明治以前は同名の寺院があった．

明治初年の神仏分離以降，現在は談山神社として残っている．『本草綱目啓蒙』には談山に自生するヤマユリはヨシノユリであるとしている．しかし，多武峰は伊勢本街道に近いから，伊勢地方や曽爾村のヤマユリの系統であるかもしれない．

(3) 国内帰化植物として西日本各地に自生するヤマユリ

植物生態学的視点から国内に自生するユリの地理分布をみると，ヤマユリは東北・関東・中部地方に自生し，他方，近畿・中国・四国地方にはヤマユリに代わってササユリが自生している．しかし，ヤマユリは近畿地方以北，あるいは北陸地方を除く近畿地方以北の本州地域に自生すると記載されている場合が多い．現今のヤマユリは，特定の地域に限定されてはいるが近畿地方にも分布しているのでこの記載はまちがいではない．他方，近畿地方に自生するヤマユリは，古い時代に関東あるいは中部や北越（日本海側の新潟県）・東北地方から持ち込まれて定着し自生するようになったものであろうとも考えられてきた．この仮説は「話としては面白いが，証拠はあるか？」という反論には無力であるため，植物学や園芸学の分野で真正面から取り上げた研究はなかったと思われる．しかし，純粋な植物学や園芸学の分野の研究課題としては成立しがたいが，歴史や地理，食文化などを含めて植物・野菜の変遷や伝搬を対象にする民族植物学の研究課題として十分に成立する．

現在，ヤマユリは切り花や花壇植え用の園芸花きとして栽培され，野山に自生するヤマユリも特に貴重な野の花として愛でられている．ヤマユリが観賞用花きとして扱われるようになったのは昭和時代以降（特に太平洋戦争終了後）のことである．古来，ヤマユリは球根を食用にするため採集され，また江戸時代以降は栽培もされてきた．古い時代には，採集したものは，日常的にそのまま食べたり，生のままあるいは乾燥後貯蔵して保存食材（救荒食）として利用されてきた．救荒用だけではなく，旅やその他の移動時の携行食としての利用もあったと考えられる．

本項では，「近畿地方およびその他の西日本地域のヤマユリは，古い時代に東日本地域のヤマユリが人為的に持ち込まれて定着し，自生するようになった国内帰化植物である」ことを仮定して，各地のヤマユリの伝承や史・資料を吟味した．またエイザンユリについてはSSRマーカー解析による植物学的検討

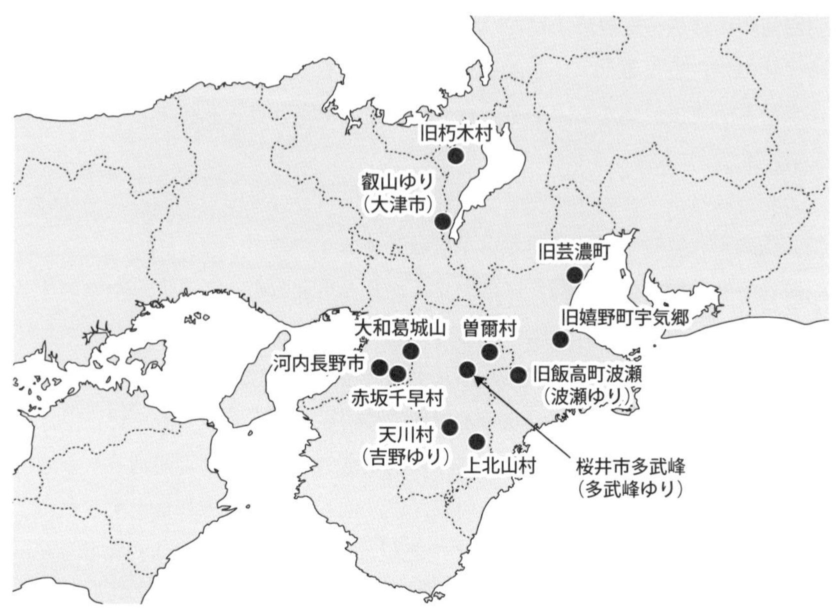

図25-2. 近畿地方のヤマユリ自生地

も行った．その結果，ヤマユリは主に次の3とおりの経緯によって，西日本地域の各地に持ち込まれたことが考えられた．それらを具体的な例をあげてまとめると次のようになる．

①江戸時代の参勤交代の際に関東地方から持ち込まれた．これは，現大分県竹田市に，箱根地方に自生していたヤマユリが持ち込まれて定着し，箱根ユリ（ハコネユリ）と呼ばれるようになった例があげられる．

②中世あるいはそれ以前の時代に，霊場や寺院を巡る修験行者の携行食として持ち込まれた．北陸の石動山（天平寺）に自生する石動山ユリ（イスルギヤマユリ）は，北越・越後から持ち込まれたことが伝えられている．比叡山に自生する叡山ユリ（エイザンユリ）も，修験者によって持ち込まれものと考えられる．DNAレベルでの系統解析から，エイザンユリは静岡以南の東海地方に自生するヤマユリよりも，関東・東北地方のヤマユリに近いことが示された．大阪府と奈良県の境にある金剛山（転法輪寺）のヤマユリ，奈良県の吉野山（金峯山寺）のヤマユリ（吉野ユリ）も修験者による持ち込みの可

能性がある.

③中世の鎌倉幕府の倒壊・建武の新政・南北朝の対立を時代背景にした関東地方と近畿地方の間の軍勢の移動に伴い，ヤマユリが兵糧（携行食）として持ち込まれた．代表例として，1331年の元弘の変の際に関東から大規模の軍勢が討伐軍として押し寄せ，楠正成が籠った赤坂城周辺に布陣した．現在の河内長野市や赤坂千早村のヤマユリは，この際に関東地方から持ち込まれたヤマユリを起源とすることが考えられる．また，奈良県吉野地方の吉野ユリの起源も同じように考えることができる．さらに，伊勢地方のヤマユリ（旧三重県芸濃町の町の花であったヤマユリ，旧飯高町波瀬の波瀬ユリ，旧嬉野町宇気郷のヤマユリ）や奈良県曽爾村のヤマユリの伝来には，東北地方から関東（鎌倉）を経て伊勢・大和地方に来襲した南朝方の軍勢の関わりが考えられる．

近畿地方のなかでも，現在の奈良県にヤマユリの自生地が多い（図25-2）．この理由としては，現在の奈良県にヤマユリが持ち込まれた経緯として修験道の行者による持ち込みに加え，中世に関東から攻め寄せた軍勢による持ち込みがあったことが原因しているかもしれない．

26 東北地方の特産茶のリバイバル：富谷茶

国内には，チャ（チャノキ，*Cameria sinensis*）自体が地域・地方の伝統作物として認定されている例はない．しかし，地元産のチヤ葉からつくられた茶が特産物となっていたり，復活を図る試みをしている地域もある．特産の茶は，チャノキが伝わって栽培が始まってから数百年，手摘みと手揉み，昔から伝わる製茶道具を使用した自家製茶，できた茶の自家消費など，歴史性と文化性を備えた在来作物・伝統作物でもある．本稿では東北地方に残っている地域特産のチャの栽培と茶の生産・消費の姿を紹介する．

江戸時代の藩体制のもとでは，領内で消費する茶を自領内で賄うためにチャの栽培と製茶が奨励された．このため，江戸時代には東北一円でチャが栽培されていたと考えられている．明治以降に人の交流や物資の流通が盛んになり，中部や関西地方から茶が入って来るようになると，東北のチャの栽培は衰退していった．特に，東北地方では寒冷な気候のため，茶摘み（摘採）が初夏に1回しかできないため，東海地方以南の年に3，4回できる地方に比べて，生産性が落ちるためでもあった．しかし，このような中でも，いくつかの地域では，畦畔茶園，自家製茶・自家消費という典型的な地域文化としてとらえられる茶の生産と消費が残った．それらは，小規模ではあるが，伝統的な食文化の一つとして地元の人々の手によって丁寧に作られ自家消費されていたり，あるいは地元の名を冠した特産茶の販売を目指す動きとして現れている．

現在，東北地方の特産茶の主なものとして，富谷茶（宮城県富谷市），桃生茶・河北茶（宮城県石巻市），気仙茶（岩手県陸前高田市・大船渡市），黒石茶（青森県黒石市），檜山茶（泉ら，1986）（秋田県能代市），庄内（産）茶（山形県鶴岡市）があげられる．これらの特産茶は，富谷茶をのぞいて，成書やインターネット上で多くの紹介がなされている．富谷茶は近年復活の運動が始まったばかりで，地元以外にはほとんど知られていない．

仙台市北部の郊外に，七ツ森という景勝地がある．ここに，ハイキングに行くと，農家の庭先に一列に並んだチャノキの植え込み―畦畔茶園―の痕跡が今でも残っている．七ツ森は，現在の宮城県黒川郡大和（たいわ）町にある．藩政時代，黒川郡は仙台藩の主要な茶の産地であった．ここには仙台から北にのびる奥州街道が通っていて，仙台を出ると宿場町が順に七北田宿，富谷宿，吉岡宿，三本木宿として続いていた．余談になるが，2016年に松竹映画「殿利息でござる！」が公開された．この映画は，江戸時代後期前半の吉岡宿で，宿場の衰退を救った町人たちの実話（『国恩記』栄洲瑞芝著）をもとにしたものである．映画のなかでは，茶畑や茶摘みの様子，実在した茶師菅原屋篤平治がでてきて，当時のこの地方の茶栽培の様子がうかがえた．

図26-1．宮城県内のチャノキの栽培地

富谷市は大和町に隣接していて，2016年までは黒川郡の1つの町であった．江戸時代以降も「富谷茶」の産地として栽培・製茶が続いていたが，昭和45（1970）年に栽培が途絶え，製茶もなくなった．数年前に，昔のチャの栽培を知っている高齢者（同市のシルバー人材センターの関係者）が「とみや茶復活プロジェクト」を立ち上げた．2018年に最初の茶摘みと製茶を行っている．この活動は，2020年に富谷宿の開宿400年を迎えるのを機に，イベントを企画したものであった．現在，自治体のバックアップもあることから，今後も特産茶の生産が増えることが期待される．

富谷茶の復興では，地元に残っていた在来種のチャノキが栽培に使われた．東北地方のそのほかの特産茶の生産地でのチャの栽培は，やぶきた種を使用している栽培地もあるが，在来種に対するこだわりが強い．宮城県内の桃生茶・河北茶では30％が在来種，気仙茶ではほぼ在来種，秋田の檜山茶でも在来種が栽培されている．これらの在来種の祖先種は，江戸時代に京都から伝来した宇治茶であるとされている．しかし，在来種が京都から伝来した宇治茶であるとしても，各地によっては伝来した年代が異なっている．最も，早い年代のものは，1600年代前半に，仙台藩の牡鹿郡牧山・飯野川（現在の桃生茶・河北

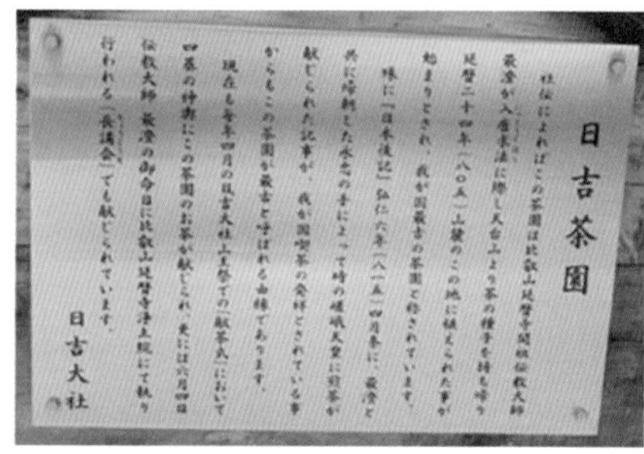

図26-2. 国内最古の茶園と称されている日吉茶園（滋賀県大津市坂本）

茶の産地）に伝えられたチャノキとされている．また，気仙茶の産地の仙台藩領気仙地方に宇治茶が持ち込まれたのは1700年代の前半ごろという史料もある．京都（山城の国）から宇治茶が伝来した年代は相当な開きがあるし，またその経路は一様ではなかったと考えられる．東北地方に伝わった宇治茶のチャノキの系統は一様ではないと考えられる．

最近，チャノキの在来種および育種品種に関してSSR解析が行われた(Kubo ら，2019)．それによると，現在の国内のチャノキは4つのグループに分けられ，京都在来種および派生した品種（宇治茶）が一つのグループにまとまり，檜山茶がこのグループに含まれている．他の東北地方在来種は未検討であり今後の検討が待たれるところである．今後，他の東北地方の特産茶でも解析が進み，宇治茶との関係について理解が進むことを期待したい．

27 絶滅危惧種になった伝統野菜：ジュンサイ

ジュンサイ（*Brasenia schreberi*）は，池沼に自生するスイレン科ジュンサイ属の水生多年草である．茎が水底の根茎から水面に伸び，初夏に浮葉を広げる．葉が展開する前の水面下の寒天状の透明な粘質物（ガラクトマンナン）に包まれた幼葉（若葉，若芽，新芽）や葉柄を摘んで，味噌汁や吸い物の具，酢の物，てんぷらなどで食用にされる．万葉の時代から利用され江戸時代には栽培も行われた古い野菜（古称：ぬなわ）であるが，現在は自生で生育するものが激減し，希少な食材になっている．レッドデータブックでは，日本全体としては普通種であるが，地域によっては絶滅のおそれが大きい（絶滅危惧IA類～準絶滅危惧），あるいはすでに絶滅した地域（埼玉県，神奈川県，東京都，沖縄県）もあるとされている．かつて筆者は宮城県に住んでいた．県北部には伊豆沼や内沼，長沼，蕪栗沼などの湖沼群がありラムサール条約で指定された渡り鳥の飛来地になっている．これらの湖沼でも，「かつて登米市内の……伊豆沼や長沼などでは……ジュンサイが豊富に取れ，各家庭の食卓にも上がっていた（とめ生き物多様性プラン，2015)」が，現在では市街地の拡大に伴う生活排水の流入による水質低下のため収穫はほとんどなくなっている．

国内では，‘秋田の伝統野菜’（秋田県），や‘やまがた野菜’（山形県村山市），‘京の伝統野菜’（京都府）として伝統野菜に認定されている．秋田の伝統野菜「ジュンサイ」は，同県山本郡三種町で栽培されている．生産量は，最盛期に約1,260t［平成3（1991）年］に達したが，現在は最盛時の半分以下に減少［平成28（2016）年，約440t］している．昭和後期から平成初期にかけて生産量が増加したが，これは山本町が転作作物として昭和62～64年に奨励事業を行ったことによる（上田・清野，2013)．奨励事業では，清流水をかけ流しにしたジュンサイ田を造成し栽培を行った．現在も，ジュンサイの栽培には山手の地域では沢水を利用し，他の地域では地下水や白神山地にあるダム湖の水を利用している．「やまがた野菜」に認定されているジュンサイは，山形県村山市大高根の大谷地沼（じゅんさい沼：江戸時代に造成された灌漑用ため池）に自生している天然ものが採取されている．収穫されたジュンサイは地元で消費さ

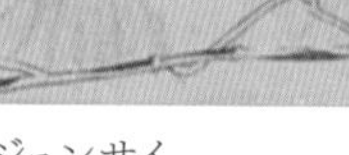

ジュンサイ

ジュンサイの花

深泥池

図27-1．ジュンサイの古図と花，および京都市内の自生地深泥池
古図は『聯珠詩格名物図考　二』国立国会図書館デジタルコレクションから
他はフリー百科事典『ウィキペディア』から引用．

れ，加工や県外への出荷はない．大谷地沼のジュンサイは，昭和40年代に水田用除草剤が普及し始めると，ほとんどが枯れ絶滅の危機に陥った．この危機は，村山市の西部に位置する標高約1,500mの葉山からの水だけが沼に入るよう水路を整備し，沼全体に流入水が行きわたるように排水溝の整備を行うことで，ジュンサイの生育・収穫を回復することができた．

ジュンサイは「京の伝統野菜」にも認定されていて，『歳時記　京の伝統野菜と旬野菜』（2003）には“京料理には欠かせない野菜の一つ……特に伏見や洛北深泥池のものが昔から有名であった．『雍州府志』（1684）に，日本産では京都産のものが最高で，……残念ながら現在，伏見地区でジュンサイの収穫は見られず，深泥池のものは天然記念物に指定され採取禁止となっている”と記載されている．深泥池（みどろがいけ，地元ではみぞろがいけ）は，京都市北区上賀茂にある面積約9haの池である．浮島と高層湿原があり，ミツガシワなど約14万年前の氷河時代の生き残りとされる水生植物が生存する貴重な池で，昭和2（1927）年に植物群落が「深泥池水生植物群」として国の天然記念物に指定された．近年水質が悪化し，ジュンサイは絶滅が危惧されるほどまで個体数が減っていた．しかし，2000年代初期から京都市やボランティアグループの保護活動によって水質が改善され，10年後には勢いを取り戻し水面を覆うほどになった（朝日新聞デジタル，2009）．最近では，過剰に繁茂し池一面を覆うほどに復活したため生態系のバランスを損なう恐れがあるとして間引き試験が行われるほどになっている（毎日新聞，2018）．

一旦途絶えたジュンサイの復活が図られた例もある．新潟市東区にあるじゅんさい池（砂丘湖）で，周辺の宅地化が原因で地下水位の低下が始まり，昭和54（1979）年には池水が枯渇してジュンサイが絶滅した．翌年からジュンサイを復活すべく用水の供給と同県内の旧笹神村由来のジュンサイの移植が試みられ，昭和60（1985）年には復活に成功した．また，最近では石川県内の山間の休耕田でジュンサイの栽培に成功した例が報告されている．ジュンサイ栽培の復活あるいは導入には清流水の供給がカギになると考えられ，今後山間地の休耕田などでの栽培の普及が期待される．

28 ウコギとウコギ科山菜

ヒメウコギ，コシアブラ，タカノツメ，タラノキは木本であるが，春先に芽生える幼芽（新芽）および生長初期の若葉は，山菜として食用にされる．これらの樹木は，すべてウコギ科（Araliaceae）に含まれる．ただし，属は異なっていてヒメウコギ（*Acanthopanax sieboldianus*）とコシアブラ（*A. sciadophylloides*）はウコギ属，タカノツメ（*Gamblea innovans*）はタカノツメ属，タラノキ（*Aralia elata*）はタラノキ属である．これらの4種のうち，タラノキとコシアブラは自生樹の新芽の摘採に加え，栽培も行われている．ちなみに，4種の樹木で栽培化の研究がおこなわれている程度を見るために，園芸学会の文献データベースで樹木名をキーワードにして検索してみると，タラノキが11件，コシアブラが8件ヒットしたが，ウコギとタカノツメはともに0件であった（2020年4月25日閲覧）．これらの数値は，山菜としての人気を示しているとも考えられる．ウコギは園芸学分野では研究対象にはなっていなかったように思えるが，地域の特産山菜としての栽培研究が行われ，野菜として販売されている．4種のうちヒメウコギが「うこぎ」の名称で山形県の伝統野菜（やまがた置賜伝統野菜）に認定されている．本項では，山菜として扱われる4種のウコギ科樹木を紹介する．

(1) ヒメウコギ

山菜や生垣には，ウコギ（*A. spinosus*）とヒメウコギがともに利用されるが，山形の伝統野菜に認定されているものはヒメウコギである．ヒメウコギは「中支の原産であるが往々生垣等として人家に栽植される．ウコギ類の新芽特にヒメウコギは食用に適し香気と微苦味を有し，若葉を茹でて水に浸し，和え物，浸し物とし，刻んで塩を加え飯に混ぜてウコギ飯とする．又葉を乾かし焙って茶の代用とする」（『資源植物事典 増補改訂版』，1957）と紹介されている．根の皮の成分に4-メトキシサリチルアルデヒド が含まれることが明らかなので，新芽の香気成分も同じものであろうと思われる．

ヒメウコギは山形県置賜地方の米沢市，川西町の特産在来作物である．現米沢市にウコギが持ち込まれた年代は，1600年前後と推定されているが詳細は不明である．栽培が大々的に行われるようになったきっかけは，第9代の米沢藩主上杉治憲（鷹山）（1751～1822）が，刺があり防犯に役立ち，そのうえ食材（救荒食）として利用できる生垣として植栽を奨励したことである．現在，米沢市街のうこぎの生垣の総延長は20kmに及ぶとされている（『おしゃべりな畑』，2010）．ウコギの生垣栽培は，食文化の視点のみならず，街の景観の形成と保存の視点からも興味深い．2000年代初頭からウコギ栽培の研究が始まり，現在では茶畑のような樹形に仕立てている．米沢市内だけでなく隣接する川西町の農家でも取り組まれている．幼芽を10cm程度に伸ばしたうこぎの新梢を収穫して，新しい野菜「うこぎ菜」として販売されている．

ヒメウコギ

コシアブラ

タカノツメ

図28−1．ヒメウコギ，コシアブラ，タカノツメ
ヒメウコギは中国から渡来．国内には雌株のみ存在する．
フリー百科事典『ウィキペディア』から引用．

(2) タラノキ

林道脇や伐採跡地など日当たりの良い山野にパイオニアプラントとして出現する樹木で，極めて生長が早く条件がよければ5年で3mに達する．山菜の王と呼ばれて人気が高く，乱獲が原因で自生種（ノダラ）の個体数が減少している．他方，自生種および選抜された数種の優良系統が栽培されている．

(3) コシアブラ

食材としては，ウコギやタラの芽と同じように利用され，美味で山菜の女王とよばれる．樹高が15mにもなる高木である．コシアブラを栽培する場合は，樹高を3～5mに抑え管理・収穫を容易にしている．タラノキと同じように日当たりのよい伐採跡地に多いとされるが，筆者の経験ではむしろ山林の中にまばらに生えている．辺材は灰白色芯材は黄白色で，緻密であるが軽く光沢が美しく，また加工し易いために木工品の材料に使われる．東北地方では米沢市の笹野一刀彫や仙台地方の春の彼岸に飾るけずり花の材料に使われる．『資源植物事典　増補改訂版』(1957) には“昔この樹から樹脂を採り，これを濾してウルシ様の塗料「金漆」(ゴンゼツ) に用いた．和名はこの故である”と記載されているが，名称の由来については異説もある．

(4) タカノツメ

漢字では‘鷹の爪’と書くが，冬芽の形が鷹の爪を連想させるためとされる．丘陵地帯から山地に自生する樹木で，生長すると樹高が5～10mに達する．以前筆者が住んでいた仙台近郊の，名取丘陵や蕃山丘陵のハイキングコース沿いに多く見られた．タラノキとちがって山地に多いこと，山菜としての知名度が低くて摘採する人が少ないことから，季節に行けばいつでも大量に採れた．もっと利用されても良い山菜である．

29 郷土山菜イタドリ

山形県の「小笹うるい」（うるいはギボウシの地方名）のように，本来野生種であったものが栽培されるようなり，現在は伝統野菜として扱われているものがある．同じように本来山菜であるが栽培され販売されているものにワラビがある．こちらは地域特産ではなく全国各地に分布しているので，伝統野菜として扱われていない．今回取り上げるイタドリも，「郷土山菜」と名付けられて地域特産の山菜として国内の数か所で食用にされている．一方で，栽培化が試みられており，いずれ伝統野菜に昇格するかもしれない．

イタドリは，タデ科の多年性植物である．様々な成書には，若い茎葉は食べることができ，酢っぱくまた少しのえぐみがあると記載されている（図29–1）．書物には“春タケノコ状に出て来る若芽は紅紫點を密布し漿質で酸味があり，皮を剝ぎ鹽をつけて生食しまたは煮食するが多量に食するのはよくない．又茹でて水に浸して後食用とし又鹽漬けにして貯える”とある（『資源植物事典 増補改定版』，1957）．昔から，イタドリは飢饉の際の救荒食「かてもの」の材料に使われており，美味しい食材としてのイメージはない．今は，イタドリ

図29–1．イタドリの若芽と生長した植物

が路傍に生えていても，せいぜい学校帰りの子供たちがたわむれに食べて酸っぱい味に遊ぶ程度であり，大概の地方では食材として顧みられることがなくなっている．現在，成書やインターネットで手に入るイタドリの食べ方は，他の山野草と同じようにおひたしやてんぷらで食べると書いているものが多い．しかし，これでは，美味しい食材があふれている現代にあっては，食べてみようとは思わないであろう．ところが，筆者はたまたま，イタドリの食べ方を紹介しそのおいしさを絶賛している文章をきっかけにして，イタドリを普通の食材として食べている地域・地方が国内にいくつかあることを知った．まず，イタドリのおいしさを書いた記事を紹介する．

“ごんぱち（イタドリの和歌山県の地方名）は油とよく合う．出し汁で醤油だけで煮てもおいしいが，それに油揚げをくわえたり，なまぶしと一緒に煮たり，ワラビと一緒に煮たりすると，もうたまらない．飽きが全くと言ってもいいほど来ないので，いくらでも食べられる．道端に生えて居て，こんなにうまい食べ物はないと思う”（木下，1992）．これくらい書かれたら，一度食べてみたいと思うのが普通だろう．

和歌山県のイタドリは，東牟婁地方の山間部で食されてきたが，現在では郷土野菜として普及がすすみ県内全域に広まっている．和歌山県以外にも，イタドリを地方名で呼び，伝統食材として伝えてきた地方がある．高知県のイタズリ（イタドリがなまった名称？），兵庫県南但地域の「だんじ」，岡山県の「さいじんこ」，秋田県南部の本荘・由利地域の「さしぼ（さしほ）」などである．イタドリは，春先に芽が出て生長し茎が30cmあるいはそれ以上になったときに，山菜として摘み取られるのが普通である．しかし，秋田県の「さしぼ」は収穫時期がもっと早く，芽が出た直後の茎長が5cmくらいのものが食べごろとして収穫される．この場合は，長い茎のイタドリとは違って，ぬめりがありそれが好ましいとされている．

イタドリの酸味は，細胞内に含まれる可溶性のシュウ酸塩によるとされ，食べすぎるのは良くないと一般にいわれている．しかし，イタドリの茎葉に含まれる可溶性のシュウ酸塩は可食部100gあたり0.433gで，この値はタケノコ0.654g，ホウレンソウ0.650g，ミョウガ0.447gの値に比べて小さい（医薬品情報21）．したがって，イタドリの酸味は可溶性シュウ酸だけでなく，一緒に含まれているクエン酸の寄与も大きいと考えられる．

近年和歌山県では，イタドリの採取量がシカの食害等で減っている反面，栽培に取り組む地域が増え，新たな加工品開発の要望が高まっている．そこで，和歌山県林業試験場では2010年代半ばから，これらの要望に応えるため，栽培試験や優良系統の選抜，機能性成分の分析などに取り組み始めた．筆者が特に注目しているのは，優良系統の選抜である．インターネット上でみる各地で収穫されたイタドリの茎の太さは，鉛筆くらい細いものから親指くらい太いものまで千差万別である．若芽が太い場合，1株から出てくる芽の数が少ない．若芽の太さや数だけでなく，若芽の発生時期や皮のむきやすさや色も系統によって違いがあり，優良系統を選抜する意義は大きい．近いうちに，ワラビやウルイ（ギボウシ）と同じように山菜から栽培野菜に昇格した，太いアスパラガスのようなイタドリが店頭に並ぶことが期待される．

30 データの年代の前後をよむ

在来作物の統計データを基にして栽培・生産の歴史を考える際に，単年度のみのデータを使って議論すると全体像を見失ってしまう．このような例を，明治時代初期の茶生産と近年の東北地方の食用ギク生産をとりあげて紹介する．

（1）明治10年の陸前国（宮城県）における製茶の生産量

先に書いた「東北地方の特産茶のリバイバル：富谷茶」の資料の検討中に，明治10（1877）年には陸前国（旧仙台藩領地，現宮城県と岩手県気仙地方）が国内生産量が5位（現在の府県別では4位）の茶産地であったことを記載した資料を知った．この指摘はすでに『日本茶業発達史』(2004）や，インターネット上の『寒冷地の茶について』でなされており，元資料は，『全国農産表』（明治10年；農商務省農務局，国立国会図書館デジタルコレクション）である．これによれば，全国の茶生産量は9,701tで，現在の府県の順位をみると最も多いのは静岡県1,364t（駿河国783t，遠江国581t）で，以下京都府（山城国）656t，三重県（伊勢国）632t，宮城県（陸前国）575t，岐阜県（美濃国）542tと続いている（『寒冷地の茶について』掲載の表から抜粋)．このデータは，宮城県については過大評価ではないかという疑問が出されていた（伊達，2012)．明治9(1876）年から明治12(1879）年までの宮城県の茶生産量を『全国農産表』を基にしてまとめた表が作成されている（伊達，2012)．それによると生産量は，明治9年16.0t，10年575.8t，11年28.0t，12年33.7tである．明治10年度の生産量は前年度の36倍，また次年度の21倍になっている．チャノキは多年生の樹木で茶園を造園して生産量を増やすには数年かかる．したがって，一年生の野菜と違って，茶葉の収穫量が3年間でこのように急激に増減することは考えられない．明治10年度の茶生産量の値は，理由は不明であるが過大評価あるいは数値の誤記の可能性がある．したがって，明治10年度の単年度生産量だけで，明治初期に宮城県が全国の茶生産で大きな位置を占めていたと結論づけるのは早計であろう．

(2) 東北地方の食用ギクの生産量

筆者は東北・北陸地方の近年の食用ギク生産量（佐藤, 2021）について, 農業生産統計を検討している際に疑問に思われるデータに気がついた. 国内で流通している食用ギク（料理ギク）は, 東北地方の山形, 青森, 秋田, 岩手の4県に新潟県, 沖縄県を加えた6県でほぼ100%が栽培・生産されている. 農林水産省が公表している「地域特産野菜生産状況調査」に収録されている平成22（2010）年から平成30（2018）年まで各県毎の食用ギクの収穫量と栽培面積のデータ（隔年毎に公表）を使って図30-1を作成した. 収穫量は, 東北地方では秋田県を除く3県において, 2008年から2018年までの10年間を通して減少している. 山形県では2008年から2010年にかけての減少が著しい. 栽培面積も, 秋田県以外の3県で, 2008年から2018年まで一貫して減少している. 他方, 秋田県では収穫量と栽培面積の両方で大きな変動がみられる. 同

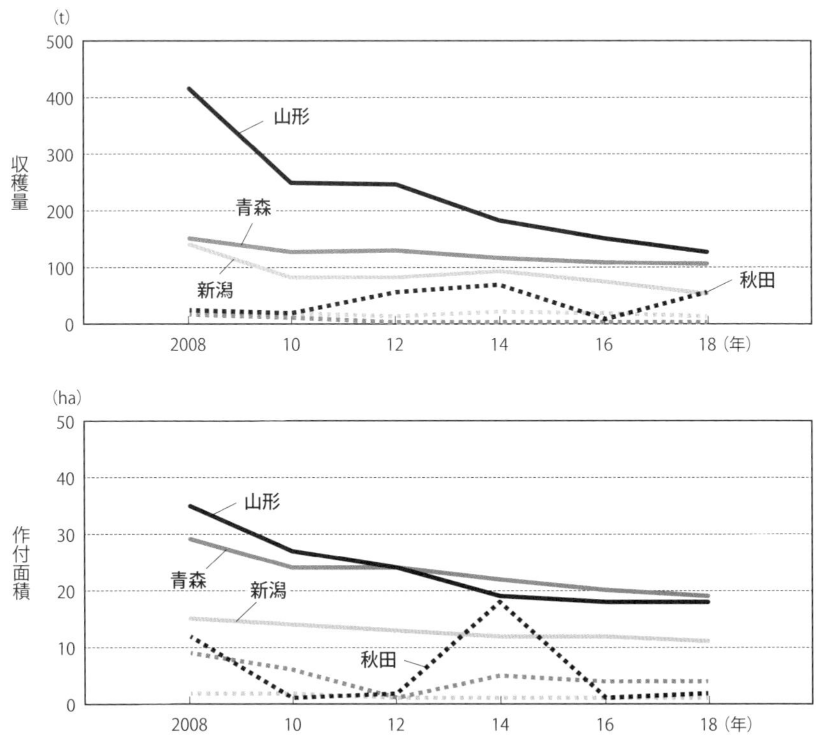

図30-1. 食用ギク（料理ギク）の収獲量と作付面積の推移

県の栽培面積と収穫量の隔年毎の値は，2008年は12ha，25t；2010年，1ha，19t；2012年，2ha，56t；2014年，18ha，70t；2016年，1ha，8t；2018年，2ha，56t，と変化している．とくに注目されるのは，2012年と2018年は栽培面積が2haと少ないにも関わらず収穫量が56tと極めて多い，栽培面積が2012年，2014年，2016年は2ha，18ha，1haで変動が大きい，同様に収穫量についても，2014年，2016年，2018年は70t，8t，57tで変動が大きい．これらの変動は，秋田県を除く3県では見られない．秋田県で特に収穫量が多かった2012年，2014年，2018年は，気温や日射量などの気象環境が良好だったために，生育・開花が促進されて収穫量が増えたことも仮定される．しかし，隣接する青森，岩手，山形県では特に収穫量が増えているわけではない（図30-1)．したがって，秋田県の過去10年間に食用ギクの収穫量で大きな変動がみられた原因は不明である．筆者は，食用ギク収穫量は，1位から3位までが山形県，青森県，新潟県の順で，秋田県と岩手県の収穫量はごく少ないと考えてきた．最新の2018年のデータでは，3位が秋田県になっている．しかし，2018年以前のデータを突き合わせてみると，秋田県のデータをそのまま採用していいかどうか迷うところである．上に述べた2つの例のように，農業生産統計のデータを引用する場合，単年度の数値データをそのまま採用するのではなく，当該の年度の前後の数値と比較して，合理的な変化を示しているかどうかもみる必要があると考えられる．

参考文献

1. はじめに

佐藤茂・久保中央・中谷歌詠，滋賀県在来の赤カブの起源種と系譜，農業および園芸，94(11)：966-971，2019.

2. 近江ショウガ

角川日本地名大辞典編集委員会，『角川日本地名大事典25滋賀県』，角川書店，1971年.

滋賀の食事文化研究会，『くらしを彩る近江の漬物』，サンライズ出版，1998年.

中川泉三，『近江愛智郡志　第3巻』，名著出版，1971年.

新潟食品名産図鑑ホームページ，『仁野分しょうが』，https://nigata.japanfoods.net/specialty/ninobu-shouga/（2020年4月12日閲覧）.

フリー百科事典『ウィキペディア』，https://ja.wikipedia.org/wiki/（2020年4月12日閲覧）.

3. 近江から伝わった伝統野菜：ユウガオとかんぴょう

青葉高，『日本の野菜文化史事典』，八坂書房，2013年.

滋賀縣勧業課，『滋賀県管下　近江国六郡物産図説　甲賀郡（下）』，1873年.

柴田桂太，『資源植物事典　増補改訂版』，北隆館，1957年.

水口町志編纂委員会，『水口町志』上巻，1977年.

壬生町，『壬生町史　通史編Ⅰ』，1990年.

フリー百科事典『ウィキペディア』，ユウガオ，http://ja.wikipedia.org/（2020年6月19日閲覧）.

4. コンニャク芋とこんにゃく

柴田桂太，『資源植物事典　増補改訂版』，北隆館，1957年.

マイナビニュース，「織田信長が言ったから？　滋賀県のこんにゃくはただ赤いだけじゃない！』，2013.5.7，https://news.mynavi.jp/article/20130507-a048/.

5. 近江から伝わった郷土料理：おみ漬

青葉高，『北国の野菜風土誌』，東北出版企画，1976年.

おいしい山形ホームページ，『山形青菜』，https://www.yamagata.nmai.org/crops/umaimono/native/yamagata-seisai.html（2020年4月13日閲覧）.

滋賀の食事文化研究会，『くらしを彩る近江の漬物』，サンライズ出版，1998年.

農林水産省ホームページ，『うちの郷土料理』，https://www.maff.go.jp/j/keikaku/syokubunka/k_ryouri/search_menu/menu/omizuke_yamagata.html（2020年4月13日閲覧）.

山形市観光協会公式ウェブサイト，『web山形十二花月』，http://www.kankou.yamagata.yamagata.jp/db/cgi-bin/search/search.cgi?panel=detail&d01=1143&c=10（2020年4月

13日閲覧).
山形市公式ホームページ,『なんだって　やまがた』, http://www.city.yamagata-yamagata.lg.jp/kakuka/kenkoiryo/kenkozoshin/sogo/eiyo/kyodoryori/autum/omiduke.html（2020年4月13日閲覧).

6. 近江から伝わった郷土料理：いも煮

滋賀の食事文化研究会,『芋と近江のくらし』, サンライズ出版, 2006年.
鳥兎沼宏之,『山形の名物　芋煮会のはじまり考』, 藻南文化研究所, 1981年.
本川裕,『President Online』2019.12.10, https://president.jp/articles/-/31351?page=2（2020年4月13日閲覧).

7. 栽培法の工夫が作った在来野菜

山形在来作物研究会,『どこかの畑の片すみで』, 山形大学出版会, 2007年.

8. 仙台アサツキと塩釜アサツキ

青葉高,『北国の野菜風土誌』, 東北出版企画, 1976年.
青葉高,『日本の野菜文化史事典』, 八坂書房, 2013年.
岩手生物教育懇談会,『日曜随筆　清水芳孝先生随筆撰』, 2010年.
みやぎ在来作物研究会フェイスブック,『森合浅葱調査に白石市森合地区へ』, 2016年, https://www.facebook.com/320178561456148/posts/640148066125861/（2020年4月12日閲覧).

9. 地域特産・伝統野菜アサツキの栽培

青葉高,『北国の野菜風土誌』, 東北出版企画, 1976年.
青葉高,『日本の野菜文化史事典』, 八坂書房, 2013年.
大井次三郎,『日本植物誌　顕花編改訂増補新版』, 至文堂, 1978年.
北村四郎・村田源・堀勝『原色日本植物図鑑　草本編Ⅰ改訂版（1)』, 保育社, 1957年.
旬の食材百科　アサツキ, FoodsLinkフーズリンク, https://foodslink.jp/syokuzaihyakka/syun/vegitable/negi-asatuki.htm（2020年8月14日閲覧).
手前板前「わけぎ・あさつき・ねぎ」その違い, https://temaeitamae.jp/top/t6/k1/4.html（2020.8.14閲覧).
農林水産省,『地域特産野菜生産状況調査』, https://www.maff.go.jp/j/tokei/kouhyou/tokusan_yasai/.
広島県応援登録制度ホームページ. https://www.hiroshima-ouen.com
牧野富太郎,『牧野日本植物図鑑』初版, 北隆館, 1940年.
山形在来作物研究会,『どこかの畑の片すみで』, 山形大学出版会, 2007年.

10. 温海カブと矢島カブの取違い

相賀徹夫,『日本大百科全書5』, 小学館, 1985年.

佐藤茂・久保中央・中谷歌詠, 滋賀県在来の赤カブの起源種と系譜, 農業および園芸, 94 (11) : 966–971, 2019.

Kubo, N., Ueoka, H., Satoh, S., Genetic relationships of heirloom turnip (*Brassica rapa*) cultivars in Shiga Prefecture and other regions of Japan, The Horticulture Journal, 88 (4): 471–480, 2019.

11. 近江在来種に関連するカブ (1)「木曽菜」の発見

佐藤茂・久保中央・中谷歌詠, 滋賀県在来の赤カブの起源種と系譜, 農業および園芸, 94 (11) : 966-971, 2019.

12. 近江在来種に関連するカブ (2) 寄居カブ, 伊予緋カブ, 津田カブ

佐藤茂, シアニジンを含む赤カブ在来品種の系譜―信州カブと木曽紫カブからみた考察―, 農業および園芸, 95 (11) : 943–948, 2020.

佐藤茂, '津田カブ'の祖先種の検討, 農業および園芸, 96 (2) : 104–109, 2021.

佐藤茂・久保中央, 近江カブの祖先種と後代種の系譜. '近江かぶら'は聖護院カブの祖先種か？　農業および園芸, 94 (10) : 849–856, 2019.

山岸拓真ホームページ, 新潟市の伝統野菜'寄居かぶ', 2013, http://irodorieye.blog69.fc2.com/blog-entry-225.html.

九之助・善之助・太郎蔵, 北越新発田領農業年中行事, 文政11 (1830) 年,『日本農書全集25』, 農山漁村文化協会, 1980年.

13. 近江在来種に関連するカブ (3) 山カブ, 板取カブ, 山カブ, 暮坪カブ

青葉高, 本邦蔬菜在来品種の分類と地理的分布に関する研究 (第3報), 中部地方北西部のカブ在来品種の類縁関係と地理的分布, 園芸学雑誌, 30 (4) : 318–324, 1961.

Kubo, N., Ueoka, H., Satoh, S. Genetic relationships of heirloom turnip (*Brassica rapa*) cultivars in Shiga Prefecture and other regions of Japan, The Horticulture Journal, 88 (4): 471-480, 2019.

Premium Marcheホームページ,『岩手　暮坪かぶ』, https://premiummarche.com/read/201712-2.html (2020年4月13日閲覧).

14. 近江かぶらと聖護院カブの伝承再考

青葉高,『野菜－在来品種の系譜』, 法政大学出版局, 1981年.

植木敏弌,『京洛野菜風土記』, 伊勢秀印刷所, 1972年.

大津市役所ホームページ,『大津市の伝統野菜「近江かぶら」』, https://www.city.otsu.lg.jp/kanko/tokusan/nosui/h31/29440.html (2020年4月13日閲覧).

京都府農会, 京都市付近の聖護院蕪菁,『京都府園芸要鑑』, 1909年.

久保功，『野菜は世界の文化遺産』，淡交社，1996年.

Kubo, N., Ueoka, H., Satoh, S. Genetic relationships of heirloom turnip（*Brassica rapa*) cultivars in Shiga Prefecture and other regions of Japan, The Horticulture Journal, 88 (4): 471–480, 2019.

佐藤茂・久保中央，近江カブの祖先種と後代種の系譜―‘近江かぶら’は聖護院カブの祖先種か？，農業および園芸，94（10）：849-856，2019.

『世界大百科事典5』，平凡社，1988年

高嶋四郎，『歳時記　京の伝統野菜と旬野菜』，トンボ出版，2003年.

15. トウガラシが渡来した年代

安藤巌，『日本の食物史』，同文書院，1976年.

鈴木晋一，トウガラシ，『世界大百科事典19巻』，平凡社，1988年.

山本宗立，『トウガラシ賛歌』，山本紀夫編，八坂書房，2010年.

山本紀夫，『トウガラシの世界史』，中公新書，中央公論新社，2016年.

16. 近江のトウガラシ：杉谷とうがらしと弥平とうがらし

植木敏弌，『京洛野菜風土記』，伊勢秀印刷所，1972年.

甲西町，『広報こうせい　2004.7』，甲西町役場，2004年.

林義雄，『京の野菜記』，ナカニシヤ出版，1975年.

山本宗立，『トウガラシ賛歌』，八坂書房，2010年.

與那嶺かおる・宮城徳道・坂本守章・伊是名純二・石垣新・渡慶次美歌，沖縄県内各地から収集したトウガラシ（*Capsicum spp.*）の果実特性と分類，沖縄県農業研究センター報告，7：55–60，2013.

17. 在来野菜としてのジャガイモ（1）男爵薯とメークイン

財団法人いも類振興会，『ジャガイモ事典』，全国農村教育協会，2012年.

日本いも類研究会ホームページ，『しゃがいも品種詳説』，https://www.jrt.gr.jp/var/var.html（2020年4月13日閲覧）.

18. 在来野菜としてのジャガイモ（2）ごうしゅういも

千葉徳爾，『全集　日本の食文化3』，雄山閣出版，1998年.

牧野富太郎，じゃがたらいもは馬鈴薯ニ非ズ並ニ其方言，植物研究雑誌，1：144–147，1917.

19. 伝統野菜としての食用ギクの色

柏崎市公式ホームページ，柏崎伝統野菜「仙人菊」，https://www.city.kashiwazaki.lg.jp/sangyo_business/nogyo/nosambutsu_recipeshokai/5/12620.html（2020年8月14日閲覧）.

20. 宮城県の食用ギク

青葉高,『北国の野菜風土誌』, 東北出版企画, 1976年.

遠藤元康・岩佐正一, 食用ギク及びツマギクの特性と品種分類, 園芸学会雑誌, 51 (2): 177-186, 1982.

遠藤元康・稲田委久子, 食用ギク及びツマギクの染色体数について, 園芸学会雑誌, 59 (3): 603-612, 1990.

柴田桂太,『資源植物事典　増補改訂版』, 北隆館, 1957年.

山形大学・山形県園芸試験場・新潟県園芸研究センター,『食用菊大図鑑』, 山形在来作物研究会ホームページ, http://blog.zaisakuken.jp/lavo?p=log&lid=273769 (2020年8月14日閲覧).

21. 坂本ギク

青葉高,『日本の野菜文化史事典』, 八坂書房, 2013年.

宇野・高橋・木島・渡邊, 坂本地方在来食用ギクの変異に関する育種学的基礎研究. 園芸学会雑誌62巻別冊1, 1993.

大津滋賀地区農業改良普及所・大津市農業協同組合,『坂本が育てた料理菊と文化』, 1990年.

木島温夫, アグリビジネスカフェ「滋賀の伝統野菜を考える」, 2012年. http://kinkiagri.or.jp/activity/Sympo/sympo55 (120829) /konoshima.pdfに引用.

木島温夫,『しがだい：滋賀大学広報誌』, 第17号：7 (2003-11), 2013年.

木島温夫, 坂本の食用キク,『滋賀の伝統的食文化図録』, 堀越昌子, 野間晴雄編, p.15, 1993年.

滋賀県農政水産部農業経営課・滋賀の食事文化研究会,『近江の特産物発掘調査報告書』, p.14, 2007年.

滋賀県ホームページ,『近江の伝統野菜』, https://www.pref.shiga.lg.jp/ippan/shigotosangyou/nougyou/ryutsuu/18357.html, 2018年.

滋賀の食事文化研究会,『食べ伝えよう滋賀の食材』, 2012年.

滋賀植物同好会,『近江植物歳時記』, 1993年.

下川義治,『下川蔬菜園芸上巻』, 成美堂, 1926年.

農林水産省, 地域特産野菜生産状況調査, 平成30年産, https://www.maff.go.jp/j/tokei/kouhyou/tokusan_yasai/, 2019年.

22. イザベラ・バードの日本旅行記と坂本ギク

青葉高,『北国の野菜風土誌』, 東北出版企画, 1976年.

青葉高,『日本の野菜文化史事典』, 八坂書房, 2013年.

イザベラ・バード,『完訳日本奥地紀行1』, 金坂清則訳注, 平凡社, 2012年.

イザベラ・バード,『完訳日本奥地紀行2』, 金坂清則訳注, 平凡社, 2012年.

イザベラ・バード,『完訳日本奥地紀行4』, 金坂清則訳注, 平凡社, 2012年.

小野蘭山,『重修本草綱目啓蒙』, 天保15(1844)年, 国立国会図書館デジタルコレクションに所収.
下川義治,『下川蔬菜園芸上巻』, 成美堂, 1926年.
土居水也,『清良記(親民鑑月集)』, 1528年, 日本農書全集10巻』, 農山漁村文化協会, 1980年に所収.
山形大学・山形県園芸試験場・新潟県園芸研究センター,『食用菊大図鑑』, http://blog.zaisakuken.jp/lavo?p=log&lid=273769, 2012年.

23. 日本奥地旅行でイザベラ・バードが食べた野菜:キュウリ

青葉高,『北国の野菜風土誌』, 東北企画出版, 1976年.
イザベラ・バード,『完訳日本奥地紀行1』, 金坂清則訳注, 平凡社, 2012年.
イザベラ・バード,『完訳日本奥地紀行2』, 金坂清則訳注, 平凡社, 2012年.
九之助・善之助・太郎蔵, 北越新発田領農業年中行事, 文政11(1830)年,『日本農書全集25』, 農山漁村文化協会, 1980年.
竹中卓郎,『舶来穀菜要覧』, 大日本農会三田育種場, 明治18(1885)年, 国立国会図書館デジタルコレクションに所収.
竹中卓郎,『穀菜弁覧. 初篇』, 三田育種場, 明治22(1889)年, 国立国会図書館デジタルコレクションに所収.

24. イザベラ・バードの日本旅行記に記載されたユリの種類

青葉高,『日本の野菜文化史事典』, 八坂書房, 2013年.
イザベラ・バード,『完訳日本奥地紀行1』, 金坂清則訳注, 平凡社, 2012年.
イザベラ・バード,『完訳日本奥地紀行2』, 金坂清則訳注, 平凡社, 2012年.
嶋田英誠,『跡見群芳譜』, ヤマユリ, 2006年, http://www.atomigunpofu.jp/(2020.8.3閲覧).
下川義治,『下川蔬菜園芸中巻』, 成美堂, 1926年.
牧野富太郎,『牧野日本植物図鑑』初版, 北隆館, 1940年, インターネット版, http://www.hokuryukan-ns.co.jp/makino/(2020.8.3閲覧).

25. 近畿地方に自生するヤマユリの起源

青葉高,『日本の野菜文化史事典』, 八坂書房, 2013年.
伊藤喜良, 南北朝の動乱,『日本の歴史8』, 集英社, 1992年.
小野澤修, 聞いてみる"ヤマユリ"の魅力, https://www.kanagawaparks.com/shikinomori/files/c0242bd61d8cdae97ddc67fe7ace7a72.pdf(2020.7.31閲覧).
北國新聞, 2013年10月24日.
木村陽二郎,『図説花と樹の大事典』, 植物文化研究会編, 柏書房, 1996年.
京都府. 京都府レッドデータブック, 2002年. http://www.pref.kyoto.jp/kankyo_red/16600006.html.

京都府．京都府レッドデータブック，2015年．http://www.pref.kyoto.jp/kankyo/rdb/.

滋賀県，『滋賀県で大切にすべき野生生物―滋賀県版レッドリスト―』，2011年．https://www.pref.shiga.lg.jp/ippan/kankyoshizen/shizen/14023.html.

柴田桂太，『資源植物事典　増補改訂版』，北隆館，1957年．

新発田市観光協会ホームページ，https://shibata-info.jp/archives/sightseeing/.

嶋田英誠，ヤマユリ，『跡見群芳譜』，http://www.atomigunpofu.jp/（2020.8.3閲覧），2006年．

下川義治，百合，『下川蔬菜園芸中巻』，pp.783-809，成美堂，1926年．

竹田市ホームページ，https://www.city.taketa.oita.jp/photo_news/?id=373（2020.7.31閲覧）．

竹内敬，『京都府草本誌』，p.145，大本（京都府亀岡市），1962年．

土屋和三，比叡山の生物自然誌，『比叡山の仏教と植生』，道元徹心編，pp.141-210，法藏館（京都市），2020年．

中能登町ホームページ，https://www.town.nakanoto.ishikawa.jp/soshiki/kikaku/3/2/1/632.html（2020.7.31閲覧）．

フリー百科事典『ウィキペディア』，赤坂城の戦い，千早城の戦い，北畠顕家，ヤマユリ．

牧野富太郎，『牧野日本植物図鑑』初版，北隆館，1940年，インターネット版，http://www.hokuryukan-ns.co.jp/makino/（2020.8.3閲覧）．

牧野富太郎，『植物知識』，講談社，1981年．

山本将・平城望・佐藤茂・半田高，葉緑体SSRマーカーによるヤマユリ野生集団の遺伝的多様性解析．園芸学研究，第18巻別冊1（園芸学会平成31年度春季大会研究発表およびシンポジウム講演要旨），2019年．

26. 東北地方の特産茶のリバイバル：富谷茶

泉敬子・石崎弘子，地方茶：宮城の茶，生活科学研究，8：46-53，1986.

Kubo N., Mimura Y., Matsuda T., Nagano A.J., Hirai N., Higashimoto S., Yoshida H., Uemura N., Fujii T., Classification of tea（*Camellia sinensis*）landraces and cultivars in Kyoto, Japan and other regions, based on simple sequence repeat markers and restriction site associated DNA sequencing analysis, Genetic Resources and Crop Evolution, 66: 441-451, 2019.

とみや茶復活プロジェクト，富谷市シルバー人材センター，https://webc.sjc.ne.jp/tomiya-sjc/index.

27. 絶滅危惧種になった在来野菜：ジュンサイ

朝日新聞デジタル，『魯山人絶賛のジュンサイ，再生　京都・深泥池，環境改善』，2010年2月25日．

上田賢悦・清野誠喜，じゅんさいの産地マーケッテングの実態と課題―加工業者を中心に―，農林業問題研究，191：368-373，2013.

高嶋四郎，『歳時記　京の伝統野菜と旬野菜』，トンボ出版，2003年．

毎日新聞,『深泥池で過剰繁茂　京料理への活用模索』, 2016年7月13日.
宮城県登米市, とめ生き物多様性プラン, 第2章　登米市の生物多様性の現状と課題, 2015年.

28. ウコギとウコギ科山菜

柴田桂太,『資源植物事典　増補改訂版』, 北隆館, 1957年.
山形在来作物研究会,『おしゃべりな畑』, 山形大学出版会, 2010年.

29. 郷土山菜イタドリ

柴田桂太,『資源植物事典　増補改訂版』, 北隆館, 1957年.
木下威,『手作りログハウス』, 中公文庫, 中央公論社, 1993年.
医薬品情報21,『飲食物中の蓚酸含有量について』http://www.drugsinfo.jp/category/%e5%8c%bb%e8%96%ac%e5%93%81%e6%83%85%e5%a0%b1q%ef%bc%86a (2010.5.2閲覧).

30. データの年代の前後をよむ

大石貞男,『日本茶業発達史』, 農山漁村文化協会, 2004年.
伊達浩憲,『岩手県気仙地域における茶栽培と製茶の歴史的展開—人々の生業として気仙茶—』, 龍谷大学　里山学研究センター2012年度年次報告書, 2012年.
寒冷地の茶index_v1 －寒冷地の茶・北限の茶『寒冷地の茶について』, http://plantsci.mydns.jp/indexv1.html, (2020.5.5閲覧).
佐藤茂, 食用ギクの生産における国内の近年の状況, 農業生産技術管理学会誌, 28 (2), 2021 (印刷中).
農商務省農務局,『全国農産表』, 明治10年 (国立国会図書館デジタルコレクション), https://dl.ndl.go.jp/info:ndljp/pid/802334.
農林水産省,『地域特産野菜生産状況調査』, 平成22年産〜平成30年産, https://www.maff.go.jp/j/tokei/kouhyou/tokusan_yasai/.

索引

太字数字は項目としての掲載を示している

【サ行】

【タ行】

【ナ行】

【ハ行】

【マ行】

【ヤ行】

【ラ行】

著者略歴

1950 年　新潟県に生まれる

1974 年　東北大学農学研究科修士課程修了

2006 年　京都府立大学農学研究科教授

2015 年　龍谷大学農学部教授

2020 年　同退職

京都府立大学名誉教授，農学博士

近江を中心とした伝統野菜文化史

2021 年 10 月 20 日　第 1 版第 1 刷発行

著 作 者　佐藤　茂（さとう　しげる）

発 行 者　及川雅司

発 行 所　株式会社 養賢堂　〒113-0033
東京都文京区本郷 5 丁目 30 番 15 号
電話 03-3814-0911 ／ FAX 03-3812-2615
https://www.yokendo.com/

印刷・製本：株式会社 丸井工文社

用紙：竹尾
本文：メヌエットライトクリーム 35 kg
表紙：ベルグラウス T・4/6T・19.5 kg

PRINTED IN JAPAN　ISBN 978-4-8425-0580-0　C1021